KB267458

최소한의 경영학

최소한의 경영학

사업의 성공 확률을 높이는 단계별 경영 설계

**경영은 지식이 아니라
게임의 규칙을 바꾸는 설계다**

더블북

●

경영은 성공법칙을 찾는 게임이 아니라 성공 확률을 높이는 게임이다

저에게는 많은 경영자가 찾아옵니다. 그들이 들고 오는 질문은 대체로 하나로 수렴합니다. "이렇게까지 했는데, 왜 회사는 여전히 흔들릴까요? 어떻게 해야 회사를 '단단하게' 성장시키고 성공시킬 수 있을까요?"

스타트업이나 성장기업 CEO들은 이렇게 묻습니다. "사업을 잘해보려고 MBA도 하고, 책도 많이 읽고, 자문도 받았습니다. 그런데 이상하게도… 현장에서는 별 도움이 되지 않습니다. 제가 뭘 놓치고 있는 걸까요?" "회사는 엄청나게 성장하고 있습니다. 그런데 규모가 커질수록 점점 복잡해지고 혼란스러워집니다. 초고속 성장에 걸맞은 시스템을 어떻게 만들어야 할까요?”

대기업 임원들도 찾아와 묻습니다. “학교에서도 경영을 배웠고 회사에서도 전략, 마케팅, 인사, 재무를 배웠습니다. 임원이 되면 경영을 할 줄 알았습니다. 그런데 저는 여전히 ‘부서 책임자’에 머문 채 매년 KPI 달성에만 급급합니다. 경영을 한다는 게 도대체 뭡니까?” “회사가 더 이상 성장하지 않고 정체해 있습니다. 어떻게 이 상황을 돌파할 수 있을까요?”

저는 이 질문들이 낯설지 않았습니다. 오히려 무척 익숙했습니다. 저 역시 창업을 해봤고, 매출이 수십억에서 수천억으로 급속 성장하는 회사에서 경영자의 자리를 맡아봤으며, 성숙기의 여러 대기업도 거쳐봤습니다. 경영을 잘하고 싶어 수백 권의 책을 읽었고, 멘토를 찾았으며, 유수의 MBA와 최고경영자 과정도 밟았습니다. 배우고, 적용해보고, 다시 배우고, 다시 적용했습니다. 어떤 때는 분명 ‘되는 것’ 같았습니다. 그런데 어떤 때는 아무리 해도 되지 않았습니다. 왜 그런지 그 이유조차 알 수 없었습니다. 그러다 비로소 깨달았습니다. 경영의 핵심은 ‘지식의 양’이 아니라 ‘게임의 이해’에 있다는 것을요.

경영서를 읽다 보면 흔히 이런 착각을 하게 됩니다. 좋은 개념을 알고 성공 사례를 이해하면 나도 쉽게 적용할 수 있을 것

6

이라는 믿음입니다. 하지만 현실의 경영은 다릅니다. 보편적 지식과 타사의 성공 사례가 매끈하게 복제되지 않습니다. 맥락이 다르고, 단계가 다르고, 병목이 다르고, 무엇보다 '운'이 엮여 있기 때문입니다.

같은 원칙과 같은 방법도 회사의 국면이 달라지면 전혀 다른 결과를 냅니다. 예를 들어 0→1과 1→10, 10→100은 완전히 다른 게임입니다.

0→1은 '찾아내는' 단계입니다. 고객이 누구인지, 무엇이 고객의 진짜 고통인지, 우리의 해법이 그 고통을 찌르는지 등 성공 가설을 찾는 단계입니다. 이 단계에서 '운'은 결정적입니다. 그러나 운이 '하늘에서 떨어지기'만을 기다리면 아무것도 오지 않습니다. 운이 올 자리를 만들기 위해 죽도록 실험하고 죽도록 부딪쳐야 합니다.

1→10은 또 다른 게임입니다. 찾아낸 가설에 돈과 조직을 투입해 사업을 '확장'하는 단계입니다. 이때부터 본격적인 경영이 시작됩니다. 전략, 인사, 재무, 회계, 마케팅, 영업, 지원이 서로 연결되어 돌아갑니다. 한 영역만 잘해서는 결코 전진할 수 없습니다.

10→100은 전혀 다른 게임입니다. 여기서는 '더 열심히'가 아니라 '다르게 설계하기'가 필요합니다. 시스템이 성장을 만들지만 동시에 그 시스템이 성장을 막는 병목이 되기도 합니

다. 느려지고 복잡해지고 책임이 흐려집니다. 이 국면에서는 지금까지의 방식과 전혀 다른 접근이 필요합니다. 기존 사업의 재정의, 다각화, M&A, 거버넌스 정립 등 또 다른 게임이 펼쳐집니다.

그런데 시중의 많은 경영서는 이 세 게임을 뒤섞어놓습니다. 대부분의 인기 경영서나 성공한 대기업 CEO들의 책은 사실상 '성장한 대기업'의 해법입니다.

초고속 성장 사업가들의 책 역시 하나의 '보편 법칙'을 제시한다기보다 특정한 시기와 시장 환경, 자원, 인맥, 기술 변화 등 여러 조건이 맞물린 특수한 맥락에서 탄생한 결과를 정리한 경우가 많습니다.

문제는 그 맥락이 충분히 설명되지 않은 채 개인의 결단력이나 실행력 같은 단편적 요소만 전면에 부각될 때입니다. 독자는 그 서사에서 강한 '동기'와 '열정'을 얻지만, 동일한 조건과 환경을 재현할 수는 없습니다. 결국 비슷하게 행동해도 유사한 성과를 얻기는 쉽지 않습니다.

학교에서 배우는 경영은 더 분절되어 있습니다. '전략', '마케팅', '재무/회계', '인사/리더십' 과목 등으로 나뉩니다. 그러나 현실의 경영은 하나의 덩어리입니다. 각각의 과목에서 A+를 받았다고 해도 실전에서 창업을 성공시키거나 회사를 턴어라운드시킬 수 있다는 보장은 없습니다. 실전에서는 연결이 성패를 가릅니다. 그리고 그 연결을 만들어내는 일이 곧 경영입니다.

　이 책에서는 '모든 회사에 통하는 만능 비결'을 말하고 있지 않습니다. 대신 단계별로 반드시 필요한 최소 단위만 남기고자 했습니다. 그러나 거기서 멈추고 싶지는 않았습니다. '조직과 사람을 어떻게 움직이는가?', '사업의 본질은 무엇인가?', '경영자와 리더의 본질은 무엇이 어떻게 다른가?' 같은 질문까지 함께 다루고자 했습니다. 이 책이 단순한 기술서에 머무르지 않기를 바랐기 때문입니다.

　저는 '큰 성공'을 경험한 사람이 아닙니다. 회사를 수조 원대로 키운 창업가도 아니고, 거대 대기업의 유명 CEO로 화려하게 활약한 사람도 아닙니다. 한 회사에서 한 길만 판 사람도 아닙니다. 대신 저는 창업, 글로벌 기업, 대기업, 스케일업 기업 등 서로 다른 환경에서 경영자의 역할을 맡아왔습니다. 그리고 그때마다 의미 있는 변화를 만들어냈습니다. 저는 오히려 이 점이 이 책의 장점이 될 수 있다고 믿습니다. '큰 성공'은 종종 사람을 일반화의 함정으로 이끕니다. 그래서 "내가 했더니 되더라. 너도 하면 된다."는 말이 쉽게 나오는 것입니다.

　반면 저는 다양한 환경에서 시행착오를 겪으며 수도 없이 읽고 배우고 실험했습니다. 그리고 그 경험을 회고하며 '재현 가능한 구조'를 만들고자 애썼습니다. 조직을 떠난 이후에는 조 단위부터 수천억, 수백억, 수십억 규모의 창업가들과 대기업 경영자들을 자문하고 멘토링하면서 사업과 경영을 더 입체적으로 보고 균형을 잡을 수 있었습니다.

이 책은 성공비결을 담은 책이 아닙니다. 시련 극복 스토리나 희망 가득한 말로 용기를 주려는 책도 아니고, 상식적이고 멋있지만 관념에 머무는 말을 늘어놓는 책도 아닙니다. 때로 시니컬한 태도를 견지하기도 합니다. 기존의 고정관념을 깨기도 하고, 절대 법칙처럼 여겨지던 성공법칙에도 이의를 제기합니다. 현장은 우리가 생각하는 것보다 훨씬 복잡하기 때문입니다.

MBA 과정으로도, 책으로도, 유명인의 성공담으로도 해결되지 않는 고민이 있습니다. 그 고민이 왜 우리 회사에 생길 수밖에 없는지, 그리고 그것을 어떻게 뚫고 나갈지를 다루고 싶었습니다.

경영에 절대적인 '성공법칙'은 없지만 '실패법칙'은 있습니다. 운도 엄청나게 중요합니다. 하지만 모든 것이 운은 아닙니다. 운이 올 확률 또한 높이도록 설계할 수 있습니다. 저는 '성공법칙'을 찾기보다 성공 확률을 높이려 애쓰고, 망하지 않는 법을 찾는 것만으로도 경영은 훨씬 나아진다고 확신합니다. 이 책을 통해 그 '최소한'의 지점들에 답하고자 합니다.

이 책의 많은 부분은 제가 '얼룩소'라는 매체에 기고했던

내용이며, 매회 올려질 때마다 가장 많은 조회 수를 기록했습
니다. 저는 이 책이 한국의 《하드씽》 같은 책이 되기를 바랍
니다.

2026. 2.
신수정

내용이며, 매회 올려질 때마다 가장 많은 조회 수를 기록했습
니다. 저는 이 책이 한국의 《하드씽》 같은 책이 되기를 바랍

차례

PART 4
조직과 사람을 움직이는 법

PART 5
경영자와 리더

PART 1
손해사정의 이해

경영
전략
스테이지별
(창업기, 성장기, 성숙기)
경영전략

PART 1

1

창업기 기업에 필요한 성공 요소와 역량

"미친 듯이 내달리고 행운을 거머쥐어라"

○

한 스타트업 CEO가 이렇게 물었다.

"저는 회사를 경영하고 있습니다. 경영을 잘해보고자 MBA도 하고 다양한 경영서적도 읽고 있어요. 대기업에서 경영자로 일하셨던 분들이나 경영 교수님들 자문도 받고요. 그런데 솔직히 다양한 경영지식이 현장에서 그리 큰 도움이 되는 것 같지는 않습니다. 경영이론을 잘 아는 이들이 경영을 잘한다면 경영학 교수님들이나 컨설턴트들이 가장 경영을 잘하실 텐데 실제는 그렇지 않으니까요. 그렇다면 굳이 경영지식을 쌓을 필요가 있을까요?”

이 말은 맞는 이야기이기도 하고 틀린 이야기이기도 하다. 기업은 '창업기-성장기-성숙기'의 단계를 거친다. 나도 각각의 단계에 있는 회사들을 경험해보면서 필요한 경영 역량이 다름을 알았다. MBA 과정이나 경영서적들은 대개 매우 성공한 대기업들의 공통점을 뽑아내 제시한다. 하지만 이러한 지식은 제로투원Zero-To-One 단계에서는 그리 큰 도움이 되지 않는다. 반면 사업과 조직의 규모가 커지면 커질수록 큰 도움이 된다. 즉 성장 단계마다 필요한 역량과 요건이 다르기에 단정적으로 말하기 어렵다는 의미다.

내 경험에 근거해 기업의 성장 단계를 구분하자면 크게 3가지로 나눌 수 있으며, 다음과 같다.

- 창업기: 0→1 스테이지
- 성장기: 1→10 스테이지
- 성숙기: 10→100 스테이지

앞으로는 각 단계별로 성공의 핵심 요인이 무엇인지, 어떤 경영 역량이 필요한지를 살펴보려 한다. 물론 여기 언급하는 내용은 그동안의 내 경험과 관찰 그리고 통찰에 기반한다. '절대적으로 맞다'라고 단정하기는 어려우므로, 독자들이 자신의 상황에 맞게 취사선택해 활용하기를 바란다.

창업기에 성공하려면 무엇이 필요한가

불행인지 다행인지 나는 다양한 기업을 경험했다. 세 명이 공동창업해 직원을 60명까지 확대하고 이후 상장사에 엑시트 exit한 경험이 있다. 또한 직원이 50명 정도 되는 회사에 경영자로 입사해 CEO로서 직원이 800명에 이를 정도로 조직을 확대해본 경험도 있다. 연 매출 4조 이상의 사업과 수천 명의 직원을 책임지기도 했다. 이처럼 '창업기-성장기-성숙기'의 기업들을 모두 경험해보았다.

그냥 경험하는 데 그친 것이 아니라, 각 기업이 처한 상황에서 성장을 도모하기 위해 관련 공부를 열심히 했으며 실험도 다양하게 해보았다. 그 경험을 정리하고 회고한 뒤 거기서 얻은 교훈을 도출해 재현 가능한 구조를 만들려고 노력했다. 물론 사회적 명성을 얻을 정도의 성공을 거둔 것은 아니다. 하지만 이것이 오히려 큰 이점으로 작용했다. 너무 큰 성공을 경험한 이들은 그것을 일반화하는 경향이 있다. 다른 조직과 상황에는 그들이 일반화한 성공의 법칙이 들어맞지 않는다. 다행히도 나는 그런 위험에서 벗어날 수 있었다.

사실 창업가 대부분에게 필요한 것은 특이하고 대단한 성공 케이스를 흉내 내는 것이 아니다. 그보다는 성공 확률을 조금 더 높일 수 있는 실질적인 방법을 습득하는 것이 훨씬 더 필요하고 중요하다. 이런 관점에서 이야기를 하고자 한다.

창업기는 소위 0→1의 스테이지다. 이 단계에서의 핵심은 무엇일까? 당연히 시장에서 통하는 제품이나 서비스의 창출이다. 이 단계에서는 아이디어를 발휘해 제품이나 서비스를 창출한 후 이것을 실행시켜 시장에서 통하게 만들어야 한다. 창업기는 정형화된 성공법칙에 따라 움직이는 단계가 아니다. 그보다는 자신만의 성공법칙을 찾아가는 단계다. 그 성공법칙을 찾기 위해 다양한 시도와 실험을 끊임없이 해보면서 자신의 제품과 서비스의 핏fit이 맞는 고객이 누구인지, 내가 대상으로 하는 고객의 핏이 맞는 제품과 서비스는 무엇인지를 찾아가야 한다.

그러므로 이 단계에서의 가장 큰 성공비결을 '행운'이라고 말하고 싶다. 성공한 후 후행적으로 분석하면 멋진 아이디어, 멋진 전략, 멋진 실행 팀이 있었다고 이야기할 수 있다. 하지만 이는 대개 사후 편향적 해석일 뿐이다. 성공했다고 말하는 동일한 아이디어, 동일한 전략, 동일한 인력으로 실패한 기업들도 많다. 왜냐하면 이 단계는 가장 불확실할뿐더러 가장 예측이 어렵기 때문이다. 쉽게 말해 맨땅에 헤딩하는 단계이므로 앞을 알기 어렵다.

운이 좋으면 성공하고 운이 나쁘면 실패한다. 그러므로 성공했다고 너무 우쭐할 필요도 없고 실패했다고 너무 위축될 필요도 없다. 사업이 성공한 후 자신이 경영의 신이라도 된 듯 폼을 잡거나 돈 자랑하는 이들을 보면 그 한없는 가벼움에 우습다는 생각마저 든다. 그것이 자기 능력으로 이뤄낸 성공이 아닌데도 그 사실을 모르니 같이다.

누군가는 이런 질문을 할지도 모르겠다. "그럼 노력하지 말고 가만히 있으라는 말인가요? 모든 것을 운에 맡기라는 건가요?" 물론 답은 '노NO'다. 다행히도 행운이란 그냥 오지 않는다. 완전한 우연은 아니라는 것이다. 성공을 수학적으로 연구하는 물리학자 앨버트 라슬로 바라바시Albert-Laszlo Barabasi는 "행운은 집요하고 끈질긴 탐색과 많은 시도에서 온다."라고 했다. 즉 미친 듯이 시도하고 실행하고 끈질기게 찾아다니고 확산하고 노력하면서 이것저것 시도하다 보면 얻어걸릴 확률이 높다는 뜻이다.

이런 의미에서 이 단계에서의 성공 요인은 '미친 듯이'라고 할 수 있다. 정교한 계획이나 시스템보다는 미친 듯이 생각하는 것, 미친 듯이 만드는 것, 미친 듯이 파는 것, 미친 듯이 시도하는 것, 미친 듯이 일하는 것이 핵심이다.

그렇다면 창업기에는 어떤 사람이 필요할까? 당연히 미친 듯이 할 수 있는 전사 혹은 선교사 같은 사람이 필요하다. 넘어져도 일어나서 다시 미친 듯이 고민하고 뛸 수 있는 사람 말이다. 이 단계에서는 책에 나온 경영이라는 것이 별로 필요하지 않다. 대개 맘이 맞는 사람들과 모여 있기에 인사 관리도 그리 신경 쓸 필요 없다. 이때는 서로 맘이 맞지 않으면 빨리 헤어지는 게 상책이다. 예스맨이 노맨이나 시니컬한 사람보다 100배

낫다. 회계 관리는 엑셀이나 가벼운 소프트웨어로 가능하다. 잘 맞지 않는 사람을 붙들고 있을 필요가 없다.

창업기에 돈을 끌어오고 영업하고 인력을 확보하는 것은 대개 CEO의 개인기로 이루어진다. 그렇기에 CEO는 올라운드 플레이어all-round player이자 마이크로 매니저micro manager가 되어야 한다. 영업이든 개발이든 인사든 회계든 영역을 불문하고 무엇이 어떻게 돌아가는지 CEO가 모든 것을 속속들이 파악하고 있어야 한다.

경영이나 리더십을 다룬 책에 나오는 멋진 말과 이론에 집착할 필요도 없다. 연봉이나 보너스도 정해진 기준 없이 CEO 맘대로 줘도 된다. 인사 조직이니, 전략 조직이니, OKRObjectives and Key Results, 성과관리이니, KPIKey Performance Indicator, 핵심성과지표니, 목표 관리니 하는 것이 이 단계에선 모두 사치다. 인력은 가급적 최소한으로 뽑고 자신을 포함해 초기 멤버들이 최대한 많은 일을 해야 한다. 창업기에는 실무력이 중요하므로 실무를 잘할 수 있는 법을 미친 듯이 배우는 게 핵심이다.

경영의 구루로 불리는 마이클 포터Michael Eugene Porter나 게리 하멜Gary Hamel의 이론들, 블루오션 전략이니, 혁신 기업의 딜레마니, 디커플링decoupling이니 하는 것들도 알아봐야 그다지 도움이 되지 않는다. 〈하버드 비즈니스 리뷰〉나 대기업 CEO 혹은 교수가 쓴 경영서적을 읽을 필요도 없다. 그 시간에 차라

리 실무와 실제 사업에 도움이 되는 고객, 그리고 파트너와 제품, 당장 효과를 볼 수 있는 실질적 마케팅과 영업에 신경 쓰는 게 낫다.

결원이 생겼을 때는 CEC가 직접 빈 자리를 메울 수 있어야 하므로 실무력이 무척 중요하다. 따라서 책을 읽거나 공부를 하고자 한다면, 거대 담론을 설파하는 경영 베스트셀러보다는 당장 내 업에 활용할 수 있는 실무 전문가들의 책을 읽고 실무 기법을 배우길 권한다.

창업기에도 경험자의 코칭 정도는 필요하다. 하지만 대기업에 몸담았던 경영자를 모셔오거나 구루라 불리는 이들의 자문을 구할 필요는 없다. 그들의 이야기는 공자님 말씀 같아서 대개 별 쓸모가 없기 때문이다. 창업기는 소대장이 필요한 단계인데 사단장을 모셔다가 소대장을 시킨다거나, 소대장 시절의 옛이야기를 들어봐야 도움이 될 리 없잖은가.

창업기 단계에서 실패하는 이유

이 단계에서 실패하는 이유는 무엇일까? 경영지식의 부족이 문제일까? 시스템이 갖추어지지 않아서일까? 전략이 정교하지 않아서일까? 아니면 경험이 부족해서일까? 혹은 훌륭한 팀이 없어서일까? 그 모두가 답이 아니다. 이런 것들은 그저 핑계에 불과한 헛소리다. 창업기에 실패하는 이유는 다음의 2가지 때문이다. 하나는 '될 놈'이 아닌 '될 것 같은데 안 되는 놈'을 가지고 출발해서다. 다른 하나는 될 만한 놈인데도 미친 듯이 실행하지 않아서다.

안 되는 놈이나 너무 시대를 앞서간 놈을 가져다가 시장을 만들려 하면 어려울 수밖에 없다. 될 놈이라는 게 증명되면 경영을 몰라도 움직일 때마다 매출이 쑥쑥 올라간다. 그러므로 시장이 별로 원하지 않는 것을 가지고 힘 빼지 마라. 물론 당신이 무슨 고상한 철학이 있어서 될 때까지 버티겠다면 그건 어쩔 수 없다. 그러면 될 놈을 어떻게 찾는가? 《아이디어 불패의 법칙》이라는 책을 읽어보자.

그런데 될 놈을 가지고도 실패하는 이들이 있다. 이유는 단순하다. 미친 듯이 하지 않아서다. 미친 듯이 하다 보면 초기에 고객들을 확보할 수 있고, 좋은 파트너도 만나게 된다. 탁월한 인재도 모여들고 도와주는 사람도 늘어난다. 이처럼 뭔가 하나는 확보하게 되어 있다. 심지어 초기에 내놓은 아이디어가 안 될 놈이라 해도 미친 듯이 하다 보면 고객 이해가 이루어진다. 무엇보다 데이터가 있기에 되는 놈으로 빠르게 피봇pivot할 수 있다. 즉 데이터를 토대로 방향 전환을 하면 성공이 가능해지는 것이다. 미친 듯이 하다 보면 운이 생기고 기회도 생기고 피보팅pivoting도 하게 되고 귀인도 만나게 된다.

그런데 이것을 경험하고도 성공 요인을 제대로 파악하지

못하는 경우가 있다. 성공한 후에 뒤돌아보면 미친 듯이 했다는 건 별로 안 보이고 무언가 정교한 전략과 방향 아래 이루어진 일처럼 해석되는 것이다. 실제로는 특별한 전략 때문에 성공을 이룬 것이 아니기에 이는 재현성이 별로 없다. 성공한 창업가들이 성공비결이라 말하는 것들 중 대개가 재현성이 없는 이유가 바로 이 때문이다. 물론, 잠시 열정을 지피는 데는 도움이 될 수 있다. 하지만 따라 한다고 그들처럼 되지는 않는 게 현실이다.

이보다는 오히려 《크래프톤 웨이》에 소개된 김창한 대표 이야기가 더 현실에 가깝다. 아무리 시도해도 잘 되지 않아 망할 뻔하다가 귀인을 만나 돌파하게 되었다는 이야기다. 누군가는 이것을 운이라고 할 수도 있지만 미친 듯이 시도했기에 가능한 일이다. 열심히 파고들며 내달리는 사람이 더 많은 기회를 잡는 것은 당연하다.

누군가는 내게 이렇게 말하곤 한다. "훌륭한 경험과 경영지식, 리더십을 가지셨는데 지금 창업하셔도 성공하시겠네요." 옛날에는 경험이나 지식이 없어도 미친 듯이 할 수 있었으나 지금은 그럴 에너지가 없다. 그만큼 창업은 대단한 열정과 에너지를 쏟아 내달려야 하는 일이며, 그 일을 해낼 수 있는 고에너지의 사람이 필요하다. 내가 할 수 있는 것은 대기업의 성장기·성숙기 경영을 하거나 투자를 하거나 이렇게 글이나 쓰는 정도다. 나를 포함해 자신이 대단한 구루인 양 하는 나이 든 경영자, 교수, 컨설턴트, 코치, 엑시트한 기업가들 모두 비슷하다. 그들은 스타트업이나 벤처에 대해서는 기껏해야 평론가, 코치, 멘토 혹은 투자자 정도의 역할을 할 수 있을 뿐이다.

창업기 단계를 탈출하면 '성장기'로 접어든다. 여기는 1→10의 스테이지다. 이제 최소한 자사의 제품이나 서비스가 시장에서 통한다는 것은 검증이 되었다. 이를 확대할 단계다. 어떻게 규모를 확대하는가? 이 단계에서의 성공방정식은 무엇인가? 이 단계에서는 '미친 듯이' 작전은 한계가 있다. 이제는 구조와 체계가 필요하다. 그러면 성장 단계에는 어떤 경영지식이 필요할지 다음 챕터에서 구체적인 내용을 살펴보자.

2

규모가 아니라 가치로 증명하라

**"회사의 크기가
창업자의 그릇 크기인가?"**

○

창업자를 만나면 종종 이런 고민을 털어놓는 경우가 있다.

"회사는 창업자의 그릇단큼 커진다고 하는데, 제 그릇이 작아 회사가 크지 못하는 것 같습니다."

"저는 몇 명까지 이끌 수 있는 그릇인지 궁금합니다."

이 말에는 회사의 매출이나 직원 수와 같은 외형적 규모가 창업자의 역량 크기와 연결된다는 생각이 담겨 있다. 사실 사회 전반이 이런 분위기를 조장한다. 어느 모임을 가도 대개 규모 순서대로 자리가 매겨진다. 창업자나 경영자들의 모임에서도 투자받은 규모, 매출, 직원 수가 서열의 기준이 되고, 종교 지도자들의 모임조차 신도 수나 재정 규모가 영향력을 평가하는 잣대가 된다. 더 많은 매출, 더 큰 권력, 더 많은 팔로워와 클릭 수가 추앙받는 시대다. 그러니 규모를 곧 그릇으로 여기는 것은 어쩌면 자연스러운 생각일지 모른다.

얼마 전 만난 한 창업자는 여러 번의 창업 경험을 회고하며 이렇게 고백했다.

"가장 후회되는 것이 있습니다. 젊었을 때는 다른 창업자들과 비교하는 데 너무 많은 시간을 썼습니다. 투자받은 금액, 매출 규모, 직원 수가 늘어나는 것이 자랑이자 경쟁의 전부였습니다. 규모가 커야 멋있어 보였고 폼이 났기 때문입니다. 하지만 지금 돌아보면 실속 없는 매출과 무리한 사업 확장이 많았습니다. 작은 분야에서 최고가 될 수도 있었고 이익을 단단히 쌓을 수도 있었는데 그 기회를 놓쳤습니다. 이제는 규모보다 내 뜻에 맞는 동료들과 함께 제가 가장 잘할 수 있는 영역에서 단단하고 빛나는 회사를 만드는 것이 목표입니다."

이 고백은 많은 창업자와 경영자가 겪는 현실을 잘 보여준다. 때로는 성장과 규모 확대는 필요하지만, 그것이 목표의 전부가 될 때 오히려 본질을 놓칠 수 있다.

나는 배구 선수 김연경의 연봉을 보고 놀란 적이 있다. 김연경은 세계 남녀 배구를 통틀어 최고의 선수라 불리며 '100년에 한 번 나올까 말까 한 재능'이라는 평가를 받았다. 그러나 그녀의 연봉은 약 16억 원 정도였다. 물론 큰 금액이다. 하지만 축구·농구·골프·테니스와 같은 인기 종목의 슈퍼스타들이 받는 수천억 원대 연봉과 광고 수입에는 턱없이 미치지 못하는 액수다.

그렇다고 김연경이 다른 선수들보다 재능이나 노력이 부족했던 것은 아니다. 오히려 그녀는 최고의 재능과 노력을 겸비한 선수였다. 다만 그녀가 선택한 종목이 상대적으로 비인기 스포츠인 '배구'였다는 점이 연봉 격차를 만든 거의 유일한 이유였다.

기업도 마찬가지다. 창업자의 그릇이 작아서가 아니라 초기에 어떤 업종을 선택했는지, 어떤 시장에 뛰어들었는지에 따라 매출이나 이익 규모가 달라지는 경우가 많다. 결국 규모는 능력이나 인격의 크기보다 업종, 시장, 시기, 운에 좌우될 가능성이 높다. 물론 초기에 어떤 업종을 선택하는지가 그의 역량일 수도 있다. 그러나 대개는 창업자의 경험 세계 안에서 우연히 접한 영역을 택하는 경우가 많다. 특히 직장 생활을 하다가 창업한 경우에는 전 직장의 사업과 연계되는 일이 대부분이다. B2B로 직장 생활을 했다면 B2B로, B2C로 일했다면 B2C로 창업하고, 미디어에 있었다면 미디어로, 제조업에 있었다면 제조업으로 창업하는 식이다. 엄청난 통찰이나 미래 전망 전략이 있었던 것이 아니다. 대개 '행운'에 가깝다.

나는 사회생활을 하며 많은 창업자와 경영자들을 보아왔다.

큰 조직을 이끌면서도 인격이나 리더십은 부족하고 탐욕만 가득한 이들도 있었다. 반대로 작은 조직이나 작은 기업을 운영하면서도 성품과 역량, 리더십이 탁월한 이들도 많았다. 규모가 곧 그릇을 의미하지 않는다는 사실을 경험을 통해 수없이 확인해왔다.

예수는 12명의 제자를 이끌었지만 세상을 바꾸었다. 테레사 수녀와 마틴 루터 킹 역시 수천, 수만 명을 조직적으로 관리한 지도자는 아니었지만 인류 역사에 깊은 흔적을 남겼다. 평생 작은 한약방을 운영하며 이웃을 도운 김장하 어른은 그 어떤 정치인이나 경영자보다도 훌륭한 영향을 이 땅에 남기고 있다. 이들의 공통점은 규모가 아니라 뜻과 가치다.

물론 회사가 크면 좋을 수 있다. 큰 회사의 경영자가 되면 영향력을 행사할 기회도 많아질 것이다. 하지만 그것이 곧 큰 그릇을 의미하지는 않는다. 규모가 커질수록 개인의 역량보다 시스템과 구조의 힘이 더 크게 작동하기 때문이다. 큰 조직의 리더는 대단해 보이지만, 실제로는 조직을 떠나는 순간 다른 사람으로 쉽게 대체된다. 게다가 계급장을 떼고 나면 평범한 개인에 불과한 경우도 많다.

진짜 중요한 것은 규모가 아니라 뜻이다. 뜻이 없는 큰 조직은 금세 잊히지만, 뜻이 있는 작은 회사는 오래 기억된다. 다이슨은 먼지봉투 없는 청소기라는 독특한 가치를, 파타고니아는 환경보호라는 철학을, 무인양품은 간결함이라는 정체성을 제시했다. 그들의 영향력은 단순히 매출이나 직원 수에서 나온 것이 아니라, 세상에 던진 독특한 가치에서 비롯되었다.

성장은 필요하다. 경쟁도 필요하다. 그러나 그릇의 크기를 매출이나 직원 수로만 재단할 필요는 없다. 중요한 것은 어떤 뜻을 품고, 어떤 가치를 세상에 남기는가다.

작든 크든, 독특한 가치를 제시하는 회사와 리더가 많아질수록 세상은 더 풍요로워진다. 진짜 그릇을 결정하는 것은 규모의 크기가 아니라 뜻의 깊이와 독특함이다.

3

이상은 다음, 먼저 살아남아야 한다

**"성장기에 들어가려면
먼저 확실한 1을 찾아야 한다"**

○

'내가 원하는 꿈을 만들어야 할까, 아니면 고객이 원하는 것을 만들어야 할까?'

많은 창업자가 이 질문 앞에서 흔들린다. 이상과 현실, 미션과 생존 사이에서 어떤 선택을 해야 할지 쉽게 답하기 어렵기 때문이다.

당장의 성과가 필요하다면 고객이 원하는 것에 맞춰라

한 교육 스타트업 대표 역시 같은 고민을 하고 있었다. 그에게는 학생들의 공부 방식을 바꾸고 싶다는 확실한 꿈이 있었다. 다른 방식으로 공부하면 분명 성적과 성과가 좋아질 거라 믿었다. 그러나 예상과 달리 그의 제품은 시장에서 잘 팔리지 않았다. 그는 내게 조심스럽게 물었다.

"제가 이루고 싶은 미션이 있는데, 쉽지 않네요."

나는 그에게 다음과 같이 답했다.

"그 의도는 좋습니다. 고객을 변화시키는 사업도 가능합니다. 그러나 그것은 내가 충분한 자본과 시간을 가지고 있을 때 선택할 수 있는 전략입니다. 사람은 쉽게 그리고 갑자기 바뀌지 않아요. 돈도 부족하고 버틸 시간도 많지 않은 상황에서 고객의 행동을 바꾸려 드는 사업은 위험합니다."

예컨대 고객이 내연차를 전기차로 바꾸도록 설득하는 과정을 돌이켜보자. 실제 변화의 움직임이 시작되었다. 그러나 그 변화는 하루아침에 이루어진 것이 아니라, 아주 오랜 시간과 막대한 자원이 투입된 결과다. 정부 정책, 인프라 구축, 기술 발전, 사회적 인식 변화가 함께 작동해야 가능한 일이다. 고객을 변화시키려는 시도 자체가 잘못된 것은 아니지만, 이는 자원과 시간이 충분할 때 가능한 선택이다.

그렇지 않다면 고객이 지금 원하는 것에 맞춰야 한다. 흥미롭게도 그 대표가 원하던 방식은 소수의 고객에게만 인기가 있었다. 그런데 그 솔루션에 오프라인 서비스를 더하자 고객 수가 늘어났다. 그는 오프라인 서비스를 더하는 것이 자신의 꿈도 아니고, 애초에 원하던 방향도 아니라고 말했다.

그에게 나는 "그것이 수요라면, 지금 고객이 원하는 것입니다. 그것을 반영한 프로그램을 만들어야 사업이 성장할 수 있습니다."라고 조언했다.

사업가는 선택해야 한다. 물론 세상을 바꾸고자 하는 열망을 짧은 시간 안에 실현하는 경우도 있다. 그러나 대부분의 경우 세상을 바꾸는 데는 매우 오랜 시간이 필요하다. 그 시간을 견딜 자원과 여유, 그리고 분명한 꿈이 있다면 그 길을 선택할 수 있다. 하지만 당장의 성과가 필요하다면 지금 고객이 원하는 것에 맞춰줄 필요가 있다. 현재의 수요에 맞춰 승부를 보고, 그 과정에서 점차 꿈을 향해 진화하는 편이 보다 현실적인 선택이다.

무작정 돈을 쏟아부어서는 안 된다

0×10=0이고, 1×10=10이다. 0→1의 단계는 1→10의 단계와 전혀 다르다. 그런데 이 차이를 이해하지 못하는 사람이 많다. 0→1의 단계는 정형화된 성공법칙에 따라 움직이는 단계

가 아니다. 오히려 자신만의 성공법칙을 찾아가는 과정에 가깝다. 이를 위해서는 다양한 시도와 실험을 끊임없이 해보며, 내 제품과 서비스에 핏이 맞는 고객이 누구인지, 내가 대상으로 삼는 고객에게 핏이 맞는 제품과 서비스가 무엇인지 찾아가야 한다.

이 핏을 발견하지도 못한 상태에서 대규모 마케팅에 돈을 쓰거나 인력을 대거 늘리는 것은 어리석은 일이다. 0×100은 여전히 0이기 때문이다. 많은 스타트업이 아직 '1'을 찾지 못한 상태에서 곱하기를 먼저 하려다 실패한다.

한 스타트업 대표를 만난 적이 있다. 그는 자신의 솔루션을 사용하는 고객들은 충성도와 만족도가 매우 높다고 말했다. 그런데 확장이 잘 안 되는 것이 고민이라고 했다. 이상한 일처럼 보였다. 만족도가 높다면 이제 알리기만 하면 되는 것 아닌가? 마케팅에 돈을 쓰고 확장만 하면 시장을 장악할 수 있을 것처럼 보였다.

하지만 문제가 있었다. 마케팅을 하면 유입은 생기는데, 실제 결제나 사용으로 이어지지 않았다. 그래서 그에게 물었다.

"당신의 고객은 누구입니까?"

그는 당연하다는 듯 말했다.

"중고등학생이죠."

바로 이것이 문제였다. 그 답은 정확하지 않았다. 실제 고객은 중고등학생 전체가 아니었다. 예를 들자면 성적이 1~3등급에 속하거나 중산층 이상의 가정에 속한 일부 학생일 가능성이 높았다. 이처럼 고객은 구체적으로 정의돼야 한다. 고객이 누구인지 명확하지 않으면 돈을 쓰는 모든 활동은 비효율적이 된다.

자원은 한정돼 있다. 고객이 누구인지, 어디에 있는지를 알아야 효율적으로 마케팅을 할 수 있다. 이를 위해서는 현재 서비스를 이용 중인 고객을 더 깊이 분석하고, 다양한 실험을 통해 고객이 어떤 메시지와 서비스에 가장 잘 반응하는지를 확인해야 한다.

바닷물을 끓이려는 것만큼 어리석은 일도 없다. 모든 고객을 잡겠다는 생각은 비현실적이다. 스타트업은 먼저 특정 영역에서 1등이 돼야 한다. 뾰족한 영역에서 차별화를 만들어낸 뒤에야 확장이 가능하다. 이 뾰족한 영역이 무엇인지 스스로 파악하지 못한다면, 사업은 계속 흔들릴 수밖에 없다.

그래서 처음 해야 할 일은 PMF Product-Market Fit를 찾는 것이다. 조금 더 나은 방법은 있을 수 있지만 왕도는 없다. 결국 이것저것 해봐야 한다. 가설을 세우고, 실험하고, 사람을 만나고, 파트너십을 맺으며 시도해야 한다. 운이 좋아 발견되는 경우도 있다. 여기에 특별한 경영 이론이 필요한 것은 아니다. 최고의 경영자를 데려다 놓아도 대신해줄 수 있는 일이 아니다. 직접 뛰어다니며 찾아야 한다. 물론 한번 경험해본 사람은 다음에는 조금 더 수월할 수 있고, 경험자의 도움으로 시행착오를 줄일 수 있다. 그러나 핵심은 결국 '찾아내는 것'이다.

어느 시장에서 어떤 제품으로 하니 성공하더라는 대략의 공식이 보이고, 이제 알리기만 하면 성장할 수 있겠다는 확신이 들 때 비로소 베팅을 하는 것이다. 즉, 1이 된 이후 ×10이나 ×100을 해야 한다. 0에 곱하기를 해서는 안 된다는 뜻이다. 누가, 왜 이 제품을 쓰는지도 모른 채 돈을 쏟아붓는 것은 요행을 바라는 것과 다르지 않다. 자금이 무한하다면 가능할 수도 있겠지만, 그렇지 않다면 위험한 선택이다.

성공 스토리에 매몰되지 마라

우리는 성공 스토리를 너무 많이 본다. 쿠팡처럼 초기에 큰 비전을 가지고 큰 시장을 향해 자본을 투입해 성공한 사례도 있다. 그러나 이런 경우는 개우 희소하다. 희소하기 때문에 스토리가 된다. 대부분의 창업자는 적은 투자와 소규모 인력으로 출발한다. 이들에게 가장 성공 가능성이 높은 전략은 작은 영역에서 성공하는 것이다. 작은 영역에서 1등이 되고, 그다음에 확장하는 방식이다.

물론 꿈은 크게 가질 필요는 있다. ×10, ×100의 꿈이 없다면 투자를 받기 어려운 게 현실이니 말이다. 그러나 목표가 크다고 해서 시작부터 커야 하는 것은 아니다. 시작은 0→1을 만드는 일이다. 그 1이 복제 가능하고, 스케일업이 가능하다는 확신이 생기면 그때 곱하기를 하면 된다. 0→1은 시장이 작아 보일수록, 대기업이 관심 갖지 않는 영역일수록 오히려 유리하다.

한 스타트업은 소형 가전제품을 예쁘게 디자인해 판매했다. 대기업 가전사들은 규모가 작아 관심을 두지 않는 영역이었다. 이 회사는 작은 카테고리를 하나씩 점령해나갔고, 점차 수백억 규모로 성장했다. 그 과정에서 노하우와 성공공식을 차곡차곡 쌓았으며 이제는 스케일업 단계에 들어섰다. 1을 찾지 못한 상태에서 확장하는 것이 얼마나 위험한지 기억할 필요가 있다.

0→1 단계에서는 대기업 경영자의 조언이 거의 쓸모가 없다. 수천억, 수조 원의 매출을 경영하는 대기업 경영자들은 대부분 0→1을 경험하지 않은 사람들이다. 그들은 이미 10이나 100에서 100이나 1,000을 만드는 데 익숙한 사람들이다. 10→100, 100→1,000과 0→1은 완전히 다른 게임이다. 경험이 없는 사람이 0→1을 조언하는 것은 한계가 있다.

0→1 단계에서는 직접 많이 시도해보고, 성공공식을 만들어본 사람에게서 도움을 받는 것이 좋다. 기억해야 할 것은 '만능'은 없다는 사실이다. 작은 못을 박는 도구와 큰 못을 박는 망치가 다르듯, 단계마다 필요한 도구와 능력은 다르다. 많은 컨설팅 회사나 대기업 출신 인재들이 스타트업에 와서 실패하

는 이유도 이것이다. 여기서는 빠르고 감각적인 대응이 중요하다.

대기업과 스타트업의 차이는 프로 축구단과 동네 축구단의 차이가 아니다. 프로 선수는 동네에서도 잘한다. 오히려 대기업이 축구라면, 스타트업은 농구나 테니스에 가깝다. 완전히 다른 게임이다. 축구 감독이 농구 감독을 잘할 수 없는 것과 같은 이치다.

다시 정리해보자. 0→1 단계에서 중요한 것은 다음과 같다.

- 고객이 누구인지 명확히 파악하는 것
- 고객과 서비스의 매칭을 확인하는 것
- 성공공식을 대략적으로라도 만들어내는 것

이것이 가능해지면 비로소 스케일업 단계로 들어갈 수 있다. 그때는 돈과 조직을 투입해 성장을 시도할 수 있다. 이 단계가 불분명한 상태에서 자원만 태우면 실패할 가능성이 높아진다.

4

성장기 기업의
핵심 성공 요소와 경영 역량

"열 개의 성공보다
하나의 실패를 피하는 게 중요하다!"

○

앞의 글에서 편의상 기업을 창업기, 성장기, 성숙기 이렇게 세 단계로 나누었다. 그리고 창업기에서 성공의 핵심 요소는 '미친 듯이'라고 이야기했다.

이 단계에서는 운이 매우 중요하다는 것을 강조했다. 우리가 운을 통제하는 것은 어렵지만, 다행히 운이 찾아올 가능성을 높일 수는 있다. 즉 운을 높이는 활동을 함으로써 운의 기회를 확장할 수 있는데, 그 활동을 '미친 듯이'라고 한 것이다. '미친 듯이' 한다는 것은 남들보다 더 많이 시도한다는 뜻이다. 그렇게 하다 보면 망하지 않는 한 무엇인가 얻어걸릴 가능성이 높아진다. 그러므로 이 단계에서는 망하지 않는 한도 내에서 미친 듯이 시도하고, 파트너와 고객들도 만나면서 성공으로 귀결되는 길을 찾아야 한다.

이 말에 동의하지 않는 사람도 있을 것이다. 자신이 똑똑해서 시장의 요구를 정확히 파악함으로써 성공했다고 여기는 사람도 있을 것이다. 탁월한 전략 덕분에 미친 듯이 하지 않았어도 빠르게 성공했다는 사람도 있을 것이다. 다 있을 수 있는 일이다. 동전을 던지다 보면 연속해서 앞면이나 뒷면이 10번 넘게 나올 수 있다. 중요한 것은 특별한 케이스나 어쩌다 찾아온 행운이 아니라, 일반적인 상황에서의 방안을 찾고자 하는 것이다.

그나마 성공공식을 도식화하면 이렇게 정리할 수 있다.

성공=뛰어난 전략과 경영 시스템×미친 듯한 실행×운

절체절명의 성공방정식을 찾는 것은 불가능하다. 그렇다고 운이 모든 것을 좌우한다는 이야기는 아니다. 부분적인 성공법칙과 실패법칙은 분명히 있기 때문이다. 매출과 이익관리를 제대로 하지 않거나, 무리하고 방만한 투자를 하거나, 인력을 제대로 관리하지 못하면 실패하는 것은 명확하다. 이처럼 실패의 이유들이 분명하기에 실패법칙은 명확한 편이다. 그러나 성공은 조금 복잡한 현상에 의해 이루어진다.

더욱이 창업기에는 성공에서 운이 차지하는 비율이 매우 높고, 아직 사업모델이 검증되지 않은 상태이기에 뛰어난 전략이 그리 큰 역할을 하지 못한다. 그런 이유로 '미친 듯한 실행하는 것'이 성공의 핵심 요소라고 말했던 것이다. 내가 다양한 비즈니스를 하며 발견한 인사이트는 다음과 같다.

- 경영을 꾸준히 배우고 훈련해야 하는 이유는, 성공을 보장하는 법을 찾기 위해서가 아니라 성공의 확률을 조금이라도 높이기 위해서다.
- 성공의 확률을 높이는 기본 원리와 프랙티스(practice, 실행 또는 실천)들, 실패의 확률을 높이는 실수패턴은 수많은 학자와 경영자들에 의해 명확하게 정리되어 있다. 그러니 이를 학습할 필요가 있다.
- 법칙을 적용할 때 중요한 것은 콘텍스트(context, 맥락)다. 왜냐하면 사업 환경은 너무도 다양하고 변수 또한 많으며, 딜레마 천지이기 때문이다. 최적의 답은 상황에 따라 달라진다.

비즈니스는 주사위 던지기가 아니다. 오히려 카드 게임, 단체 스포츠 경기, 공연과 유사하다. 운과 실력의 혼합체다. 그런데 흥미롭게도 스테이지에 따라 이 비율이 달라진다.

성장기란 최소한 자사의 제품이나 서비스가 시장에 통한다는 사실이 검증되었다는 의미다. 성장기는 이를 확대할 수 있는 단계로, 규모를 확대하는 것에 초점focusing을 맞추는 것이 중요하다.

규모를 확대하기 위한 방안은 상식적이다. 고객을 확대하거나 현재 고객을 기반으로 상품을 구매하도록 유도하는 업셀링Upselling, 고객이 더 비싸거나 업그레이드된 상품을 구매하도록 유도하는 것을 해야 한다. 특정 상품과 연관된 다른 카테고리의 상품을 함께 제시해서 추가 구매를 유도하는 크로스셀링Cross-Selling 역시 필요하다. 이를 위해서 채널도 확대해야 한다. 효과적인 딜리버리Delivery는 물론 마케팅과 홍보도 필요하다. 규모가 확대됨에 따라 발생하는 다양한 리스크도 관리해야 한다.

이런 활동을 혼자 할 수는 없으므로, 다양한 인력이 필요해진다. 성장기의 가장 큰 특징은 인력이 증가한다는 점이다. 인력이 점점 증가하면 인력과 업무를 효과적으로 매니징하기 위한 인사 관리, 조직 관리가 필요하다. 이제 주먹구구 방식에서 벗어나 시스템화가 필요하고, 선순한 구조로 경쟁우위를 차지하게 돕는 플라이휠Flywheel이 필요하다.

이뿐만이 아니다. CEO 또한 미친 듯이 일하는 기업가에서 벗어나 사업가와 경영자로서의 역할을 동시에 수행해야 한다. 조직이 어느 정도 갖춰졌으므로, 각 전문 영역에서 시스템을 만들고 이를 관리할 수 있는 사람들이 있어야 한다.

성공의 이유는 복잡해도 실패의 이유는 단순하다

이 단계에서는 어떤 이유로 실패하는 것일까? 사실 실패의 이유들은 너무 많다. 성공은 특정하기 어려워도 실패는 특정하기 쉽다. '안나 카레리나 법칙Anna Karenina Principle'이란 것이 있는데 이는 톨스토이의 소설 《안나 카레리나》에서 유래한다. 소설의 첫 문장은 "행복한 가정은 모두 비슷하지만, 불행한 가정은 각기 다른 이유로 불행하다."이다. 다시 말해 행복한 가정의 공통점은 있어도 불행한 가정은 저마다 제각기 다른 이유로 공통점을 찾기 어렵다는 말이다.

비즈니스에서는 이러한 '안나 카레리나 법칙'이 반대로 작용한다. 성공의 이유는 찾기 어려워도 실패의 이유는 명확하기 때문이다. 초기에 고객을 확보한 이후 추가 고객 확보를 제대로 못 해 실패할 수도 있고, 딜리버리를 제대로 못 해 실패할 수도 있다. 인력들이 갑자기 회사를 떠나서 실패할 수도 있다. 돈 관리를 제대로 못 해도 실패로 이어진다. 소송이나 기업 평판 등의 이슈로 망가질 수도 있다.

성공은 여러 요인이 복합되어야 가능하지만, 어느 하나만 기준선 이하로 망가져도 실패로 귀결된다. 그러므로 이 단계는 '미친 듯한' 열정만으로 추진할 단계는 아니다. 이제 경영이라는 것이 필요하다.

기업을 경영하다 보면 적절한 운과 경영 능력에 따라 1→2

로도 갈 수 있고, 1→5로도 갈 수 있으며, 1→10으로도 갈 수 있다. 그러면 무한정 확대할 수 있을까? 그렇지는 않다. 아무리 운이 좋고 탁월한 능력으로 경영을 한다 해도 시장의 규모라는 것이 있기 때문이다. 시장의 규모가 2라면 2까지 가는 것이 최선이고, 5라면 5까지 가는 것이 최선이다. 시장이 5인데 5를 넘으려면 다른 차원의 비즈니스가 필요하다. 그것은 스테이지 3에서 자세히 이야기할 것이다.

그러므로 스테이지 2에서 달성할 목표는 시장의 최대치까지 가는 것이다. 만일 10이 시장에서 차지할 수 있는 최대의 성장한계라면 1→10까지는 가야 한다. 운이 나쁘고 경영 능력이 안 좋으면 1→2까지밖에 가지 못할 수도 있다. 이를 최대한 확대하는 것이 목표다. 능력이 부족하다면 그것을 더 잘할 수 있는 곳에 팔고, 엑시트하는 것도 좋은 방법이다. 창업자들 중에는 0→1을 만드는 것을 전문으로 하는 이들이 있으며, 이들 중에는 1→10을 하기 싫어하는 이도 꽤 있다. 이것은 선택의 문제이므로, 자신의 가치와 강점에 따라 다양한 선택이 가능하다. 다만 1→10으로 가려면 0→1의 마인드와 방식으로는 목표를 달성하기 어렵다는 것을 알아야 한다.

성공방정식을 다시 보고 머릿속에 넣어두자. '성공=뛰어난 전략과 경영 시스템×미친 듯한 실행×운'이라고 했다. 이 단계에서도 여전히 운이 매우 큰 역할을 하지만 창업기에 비해서는 그 비율이 감소한다. 뛰어난 전략·경영 시스템의 비율이 높

아진다. 1→10의 경영 시스템 구축에 대해서는 파트 2에서 자
세히 설명한다.

5

성숙기 기업을 위한 성공전략

**"10 to 0이 아닌
10 to 100으로 가기 위한 필살기"**

○

이제 성숙 단계의 기업에 대해 다루어보려 한다. 창업 단계는 행운의 비중이 가장 크다는 것을 앞서 살펴봤다. 미친 듯이 시도하고 실행하고 끈질기게 찾아다니고 노력하면 운이 따를 확률이 높다고 했다. 하지만 성장기 단계는 조금 다르다. 여전히 운의 비중이 높지만 상대적으로 감소할 수밖에 없다.

창업자는 여전히 '미친 듯이' 일해야 하지만, 조직 전체에서 미친 사람들의 비율은 감소한다. 대신 성장을 뒷받침하는 시스템이 필요해지고, 전략, 사업, 개발, 지원 등 경영자들의 팀이 필요해진다. 열정적으로 같이 움직이는 리더 팀 말이다. 창업가가 아무리 뛰어나다 해도 혼자서 규모 있는 성장을 이루기는 어렵다.

미친 듯한 열정에서 벗어나 경영을 해야 할 때

이 단계부터 소위 사업이라는 것을 하게 된다. 경영학에서 배우는 경영이라는 것이 필요해지기 시작한다. 창업기에는 거의 쓸데없어 보였던 경영서적들의 내용이 슬슬 눈에 들어오기 시작한다. CEO도 기업가에서 경영자로 변신할 필요가 있다.

성숙기 단계에 들어서면 행운의 비중이 더 감소한다. 행운이 찾아와 갑자기 잘될 가능성이 낮아진다. 규모가 커지면서 '미친 듯이' 움직이는 사람들의 비율 또한 현저하게 감소한다. 시스템과 제도가 탄탄해진다. 인력도 자금이나 자원도 충분한 경우가 많다. 그런데 이 단계에서 한 가지 주의할 것이 있다. 간혹 '시스템'이 사업에 있어 '절대 선'인 것처럼 말하는 이들이 있는데 절대 그렇지 않다.

시스템이 갖춰진다는 것은 좋은 면도 있지만 나쁜 면도 있다. 전략적 판단보다는 기존 체계를 유지하게 되며 점진적 성장을 목표로 관성으로 돌아가게 된다. 사람들은 시스템 속에서 얼마든지 대체 가능하기에 활력을 잃어간다. 열정과 혁신을 잃어가고 조직은 슬슬 관료적으로 운영되기 시작한다. 이 단계에서 CEO는 기업가나 사업가가 아닌 경영자로 바뀐다.

이 단계에는 2가지 갈림길이 있다. 10에서 100으로 아주 커지거나 아니면 서서히 죽거나. 물론 10에서 100으로 가려다 크게 망하는 길도 있다. 그러면 어떻게 해야 10에서 0으로 회귀하지 않고 10에서 100으로 갈 수 있을까?

사실 상품이든 서비스든 기업이든 영원한 것은 없다. 영원히 성장하는 것도 없다. 그 어떤 상품이나 서비스든, 또는 기업이든 S곡선을 그린다. S곡선은 피할 수 없다. 먼저 상품이나 서비스 관점에서 S곡선을 살펴보자.

도입기

도입기에는 상품이나 서비스가 시장에 알려져 있지 않기 때문에 상품의 인지도가 낮다. 비용은 크게 소모되지만 수익은 크지 않다. 많은 상품과 서비스는 이 시기를 넘기지 못하고 죽어버린다.

성장기

싹이 터서 본격적으로 성장하는 시기. 두 자릿수 이상의 성장이 매년 이루어지며, 경쟁사들이 많이 나타난다. 특별한 마케팅을 하지 않아도 고객이 알아서 상품이나 서비스를 찾아주며, 큰 노력을 하지 않아도 매출이 상승한다. 비용 대비 수익이 점점 커진다. 그러나 성장기 후반으로 갈수록 성장은 점점 둔화된다.

성숙기

이 시기가 되면 도태되고 철수하는 기업들이 나타난다. 시장 점유율이 낮거나 차별성이 약한 회사는 사라지기 시작한다. 남아 있는 회사도 성장이 5퍼센트 이내거나 성장이 거의 없는 편이며, 심지어 역성장을 하기도 한다.

이는 기업도 마찬가지다. 기업 또한 새로운 사업들이 계속 만들어지지 않는 한 S곡선을 피할 수 없다. 대기업을 만만하게

상품과 서비스 관점의 S곡선

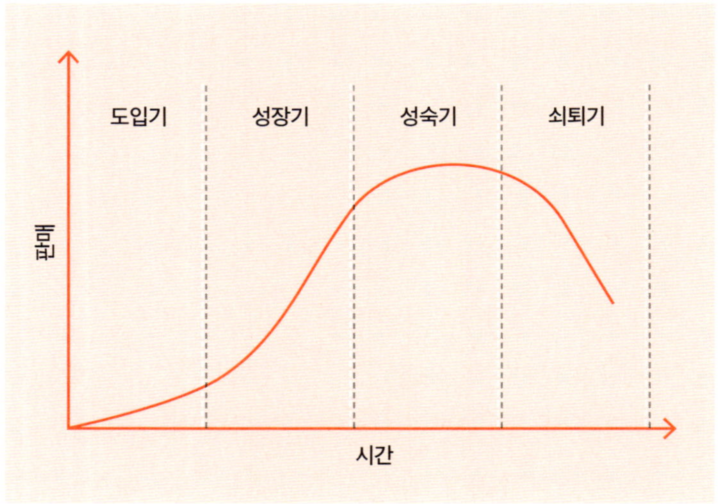

보지만, 대부분의 스타트업은 대기업이 될 수 없다. 마냥 성장할 수 없기 때문이다. 매출도 몇십억, 몇백억 또는 몇천억에서 멈춘다. 이것은 열정이나 노력의 문제가 아니라 시장 규모의 한계 때문이다.

시장의 한계를 만만하게 보지 마라. B2C는 인구수를 넘을 수 없으며, B2B는 수요 기업 수를 넘을 수 없다. 공급이 수요를 넘을 수 없는 것은 당연하며, 이것은 복잡한 수학 문제가 아니라 산수 문제다. 그리고 대부분의 경우 사업계획서에서 장밋빛으로 예측한 시장 규모보다 실제 규모가 훨씬 작다. 글로벌로 나가지 않고 국내를 타깃으로 하는 한 S곡선의 마지막은 생각보다 빠르게 온다.

나는 B2B IT사업을 오랫동안 해왔는데 의외로 많은 투자자와 오너, CEO들이 잘 모르는 것이 있다. 생각보다도 국내에서 B2B IT나 B2B SW사업으로 성장할 수 있는 천장이 낮다는 것이다. 몇천억 혹은 몇조에 달하는 매출을 올리는 기업들도 있지 않느냐고 반문할지도 모르겠다. 하지만 소위 말하는 SI, 장비와 외산 SW 유통 등 여러 가지를 백화점 식으로 해서 매출을 채운 것뿐이다.

특정 분야에서 SW로 한국 B2B 시장 1위를 장악해도 매출 1,000억 원을 넘기 어렵다. 내 말이 냉혹하고 시니컬하게 들릴지도 모르지만 이게 현실이다. PaaS^{Platform as a Service}니, SaaS^{Software as a Service}니, 메타버스니, AI니 하는 것들 모두 시장 규모를 이길 수 없다. 나는 글로벌 경쟁력이 없는 대부분의 B2B 스타트업들의 가치를 도무지 이해할 수 없다.

그런데 1→10이 된 성숙기에 10→100으로 확대하는 기업들이 있다. 도대체 어떻게 이런 일이 가능한 것일까? 우선 성숙기를 부정적으로만 볼 필요는 없다. 조직의 힘, 인적 자원, 재화, 자금 등이 충분한 경우가 더 많기 때문이다. 이를 적절히 배분하고 활용해 더 큰 규모를 만들 수 있다. 원래의 제품이 성숙기에 접어들었다 해도 시장을 확대하거나 혁신을 지속하면 된다. 새로운 제품을 지속적으로 창출하거나 인수합병 혹은 기업 설립으로 오히려 규모를 더 키울 수 있다.

물론 무작정 확장에만 집중하라는 말은 아니다. 거침없는 확장은 크게 망하는 길이기도 하다. 그래서 균형이 필요한 것이다. 반면 안정과 보수를 추구하면서 빈 카운터Bean Counter,, 즉 재무·회계 담당자들이 경영자로 득세하면 기업은 서서히 죽어가게 된다.

성숙기에 사업을 성공적으로 확장하는 3가지 전략

성숙기에 사업을 성공적으로 확장하는 데 필요한 3가지 전략과 돌파구가 있다. 이는 특별한 전략이라기보다는 누구나 말할 수 있는 상식이다.

- 첫 번째 전략: 신시장 개척

- 두 번째 전략: 신제품 출시

- 세 번째 전략: 신사업 포트폴리오

신시장 개척

시장이 정체된 상황에서 누구나 생각할 수 있는 첫 번째 전략은 신시장 개척이다. 여기에는 새로운 수요처 발굴이 있고 한정된 국내시장을 넘는 길이 있다. 글로벌로 나가는 것이 시장 확대를 위해 좋다는 것을 모르는 사람은 없다. 한국시장은 대개 글로벌의 1~5퍼센트 정도 수준이다. 이론적으로는 글로벌화하면 100배 가까운 성장이 가능하다. 그러나 글로벌화가 말처럼 쉬울 리 없다. 글로벌화를 위해 다양한 시도를 한 CEO들을 많이 알지만 성공적인 케이스는 매우 드물다.

일단 서비스업이나 규제 산업은 글로벌화가 어렵다. 언어의 제약이 별로 없는 물리적 제품은 글로벌화가 가능한 편이지만, 언어의 제약이 있는 많은 제품과 플랫폼은 쉽지 않다. 특히 SW의 경우 게임을 제외하고 국내에서 시작해 글로벌로 성공한 기업을 본 적이 별로 없다. 그만큼 만만하지 않다는 뜻이다. 최근에는 아예 글로벌에서 시작한 한국 스타트업이나 테크 기업들이 있는데 이런 경우에는 어느 정도 성공 가능성이 담보되는 편이다.

신제품 출시

두 번째 전략은 신제품 출시다. 성장 정체 전에 혁신을 통해 새로운 제품들을 계속 만들어나가는 것이 하나의 방법이 될 수 있다. 이 전략도 누구나 생각할 수 있는 대안이지만 실행하는 것도 쉬울까? 생뚱맞은 새로운 제품이나 서비스를 성공시키는 것은 창업을 하는 것과 큰 차이가 없다. 물론 창업 때보다 인력과 자금 사정은 훨씬 좋겠지만, 불행히도 열정은 창업 때보다 훨씬 떨어져 있는 상태다.

그럼 조직의 분위기는 어떨까? 어느 정도 시장에서 재미를 본 대부분의 경영자는 초기의 열정과 긴장감을 잃고 안주한 상태다. 내가 창업의 성공 요인 '미친 듯이'와 '운'이 상당 부분

사업의 성공적인 확장

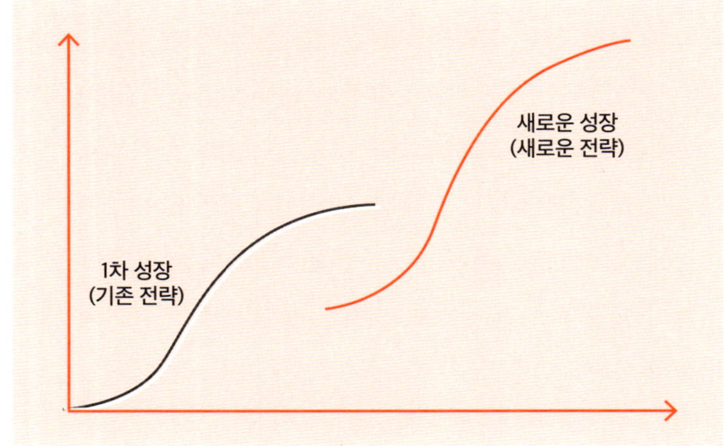

을 차지한다고 말한 것을 기억하시라. 이를 고려한다면 인력과 자금 사정이 좋아졌다고 해서 성공 확률이 높은 것은 아님이 분명해진다. 이미 배가 부른 상태에서 연속되는 행운을 맞이할 확률은 높지 않다. 내가 관찰한 바에 따르면 한 제품으로 성장을 한 기업 중 다음 작품으로 동일한 매출 규모를 만들어내는 데 성공하는 경우는 매우 드물었다.

그렇다면 성공 확률을 높일 수 있는 방법은 무엇일까? 기존에 쌓인 역량을 활용하는 것이다. 이것은 생뚱맞은 제품이나 서비스를 시도하는 것보다는 성공 확률이 높다. 하지만 여전히 어렵다. 신사업을 계속 창출하고 성공시키는 것은 매우 어려운 일이다. 특히 기존 사업의 성공이 크면 클수록 기존 사업의 매출과 이익이 크면 클수록 새로운 시도는 더욱 쉽지 않다.

왜 그런 것일까? 새로운 시도로 의미 있는 규모를 만들어내기까지 많은 시간이 걸리기 때문이다. 기존 사업은 이미 몇백 억, 몇천억, 몇조의 매출을 올리고 있는데 신사업은 0원부터 시작해야 한다. 성공을 한번 맛보고 나서 그런 기다림을 오래 할 수 있을까?

또한 새로운 제품이나 서비스를 계속 창출하기 위해서는 혁신 문화와 실행이 필수적이다. 하지만 국내 기업들은 혁신 능력이 매우 약한 편이다. 반면 해외 유수의 테크 기업들은 이를 매우 훌륭하게 해내면서 성숙 곡선을 지속적으로 파괴한다. 이를 통해 1→10을 만든 후에도 10→100으로 확장해나간다.

애플을 보라. 계속 새로운 제품들을 성공시키면서 지속적인 성장을 하고 있잖은가. 이는 대단함을 넘어서 경이적이기까지 하다.

그럼에도 흥미로운 점은 국내 대기업 그룹들이 혁신 능력이 아닌 다른 방식으로 10→100을 만들어왔다는 점이다. 도대체 어떻게 한 것일까? 예를 들어 삼성그룹은 삼성물산에서 출발했다. 해당 기업이 시장의 한계에 다다르기 전 제일제당, 제일모직을 설립했고, 이후 인수를 통해 보험업과 백화점으로 사업을 확대했다. 이후 전자 사업을 시작했고 확대를 가속화했다. 삼성그룹뿐 아니라 국내 굴지의 대기업 그룹은 대부분 이길을 걸어왔다. 아직도 성장동력을 잃지 않고 매출과 시총을 계속 확대하는 그룹들도 적지 않다. 새롭게 등장한 카카오, 네이버 등도 유사한 길을 걸으면서 한계를 돌파하고 있다.

신사업 포트폴리오

이는 대개 세 번째 전략인 신사업 포트폴리오 확장을 통해 이룬 것이다. 기존 사업을 기반으로 한 시장의 확대나 신제품 출시는 쉽지 않고 규모 있는 성장이 어렵다. 이 문제를 극복하기 위해 새로운 회사를 설립하거나, M&A, 스핀오프Spin-Off 등의 투자 전략을 복합해 포트폴리오를 확대해나가는 전략이다. 소위 다각화다.

물론 이것을 첫 번째 전략, 두 번째 전략과 완전히 별개로 생각하기는 어렵다. 많은 경우 복합되기도 한다. 여기서는 설명을 위해 편의상 구분하고 있을 뿐이다. 신사업 포트폴리오 전략으로 모두가 성공한 것은 아니다. 언제나 그렇듯 승리자 뒤에는 패배자들이 즐비하다. 특히 이러한 전략은 대형 자본이 동원되어야 하기에 자칫 잘못하면 한두 기업의 실패나 투자 실패로 전체 그룹이 흔들릴 위험 또한 내재되어 있다. 그런 이유로 대우그룹처럼 망한 그룹도 있다.

과거에는 경쟁이 그리 심하지 않았고 산업이 낙후되어 있었기에 전자, 자동차, 금융, 건설, 커머스, 미디어 등 새로운 산업에 진출할 기회가 많았고 그만큼 쉬웠다. 그러나 지금은 상황이 그때와 다르다. 대한민국 자체가 성숙기로 접어들었기에 이 전략이 예전만큼 유용하진 않다. 그럼에도 SK그룹처럼 이런 전략을 매우 성공적으로 잘 활용하는 곳도 있다. 새로운 기술과 비즈니스 모델로 기회를 잘 포착하는 그룹과 야심 찬 테크 기업들은 여전히 이 전략을 통해 확장에 성공하고 있다.

이러한 전략을 위해서는 스타트업 경영이나 단일 사업 중심의 일반적 기업 경영과는 다른 차원의 역량이 필요하다. 다른 차원의 역량은 다음과 같은 것들이다.

- 확장을 위한 전략과 실행을 해낼 뛰어난 포트폴리오 전략팀, 재무·투자·법무팀들
- 확장된 그룹사들을 관리하는 팀들

- 일관된 브랜드와 정책을 유지하고 리스크를 관리할 수 있는 거버넌 스governance

- 리스크 전이에 대응할 수 있는 리스크 관리 능력

- 경제의 상승과 하락 양쪽을 관리할 수 있는 능력

특히 이러한 확대는 재무적 위험이 매우 높다. 그 외에도 규제, 평판, 공정거래 등 다양한 리스크들 또한 커진다. 리스크 전파로 인해 그룹 전체가 흔들리기도 한다. 경기가 상승할 때는 문제 없다가 하락하면 무너지기도 한다. 블랙 스완Black Swan 또한 나타난다. 그러므로 확장과 더불어 위험관리 능력을 갖추지 못한 기업가들은 그동안 쌓아 올린 모든 것을 한 방에 날리기도 한다.

특히 야심 찬 젊은 기업가들이 자신의 성공 경험만 믿고 재무 구조가 취약함을 알면서도 남의 돈으로 끝없이 영토를 확장하다가 사라지곤 한다. 이 전략을 제대로 활용하기 위해서는 일반적인 사업 경영 능력과는 또 다른 차원의 능력이 필요하다. 한쪽에서는 확장하고 또 한쪽에서는 리스크에 대응해야 하며, 뛰어난 투자 능력과 리스크 전이 대응의 다차원적인 역량이 필요하다. 많은 젊은 기업가가 대기업 그룹을 만만하게 보곤 한다. 자신의 기업보다 시총이 작거나 혁신 능력이 부족하다며 우습게 보는 것이다. 그러나 그 그룹들이 오랫동안 다져온 역량을 결코 무시해선 안 된다. 오랜 시간 버텨낸 데는 그만한 이유가 있는 법, 서로 배울 것은 배울 필요가 있다.

기존 사업의 턴어라운드, 어쩌면 네 번째 전략

앞서 제시한 3가지 전략 의에 또 한 가지 중요한 전략이 있다. 그것은 기존 사업의 턴어라운드Turnaround다. 기존 사업이 성숙기로 들어간 뒤 성장 저하 또는 감소를 당연하게 받아들이고 전술적, 운영적 플레이만 하는 기업들이 많다. 오로지 신사업에만 신경을 쓰는 패착에 빠지는데 그러다 결국 기존 사업을 혁신하는 경쟁자나 시장 파괴적인 경쟁자에 의해 무너지고 만다. 이런 패착이 많이 발생하고 있음에도 많은 경영자가 안타깝게도 이를 간과한다.

신사업에만 관심을 쏟다가 자기 집 마당을 내주는 경우가 생각보다 많다. 예들 들어보자. 통신회사들이 본연의 사업은 캐시카우Cash Cow라 생각해 혁신하지 않고 점진적 성장에만 초점을 맞추었다. 그러고는 븐연의 사업과는 무관한 신사업에 도전했다. 통신회사들이 어렵고 힘든 신사업에서 고군분투하는 동안 야심 찬 디지털 기업들은 통신사의 문자 메시지와 통화를 노렸다. 결국 문자 메시지를 혁신하고 새로운 가치를 부여한 카카오는 통신사보다 더 큰 기업 가치를 인정받고 있다. 신사업에만 신경 쓰다 기존 사업을 빼앗기는 것은 통신사만의 문제가 아니다. 유통, 미디어, 금융, 교육 심지어 제조까지 다양한 산업군에서 나타나는 현상이다.

많은 성숙기 기업이 이 부분을 간과하고 있으나 실제로는 가장 중요한 부분임을 강조하고 싶다. 기존 사업의 턴어라운드를 위해 다음과 같은 질문을 던지고, 거기서 시작해야 한다. 기존 사업을 어떻게 재해석할 것인가? 미션을 어떻게 재정의할 수 있는가? 파괴적 경쟁자로부터 자기 기업을 방어하기 위해 스스로 해야 할 혁신은 무엇인가? 기존 사업에 어떠한 새로운 기술과 가치를 입혀 시장 점유를 확대하고, 나아가 새로운 시장을 만들 수 있을까?

JAL을 회생시킨 이나모리 가즈오Inamori Kazuo나 스칸디나비아항공을 회생시킨 얀 칼슨Jan Carlson, 후지필름을 턴어라운드시킨 고모리 시게타카Komori Shigetaka, 마이크로소프트를 회생시킨 사티아 나델라Satya Nadella 등을 보라. 이 리더들은 기존 사업의 미션과 관점, 전략, 시장을 바꿈으로써 기업을 턴어라운드시키고 시장 점유와 매출, 이익 향상을 가져왔다.

특히 오너나 CEO들은 기존 사업을 운영적 관점뿐 아니라 전략적 관점으로 접근하고 고민할 필요가 있다. 여기에 진짜 전략과 리더십이 필요하다. 자세한 내용은 권말의 '추천 도서'를 참고해 보자.

6

어떻게 스타트업이
대기업을 이길 수 있는가?

"란체스터 법칙, 3불 전략, 송곳 전략"

○

얼마 전 스타트업 CEO들 모임에 초대받아 간 자리에서 이런 질문을 받았다.

"저희는 작은 기업입니다. 대기업에서도 저희와 비슷한 사업을 합니다. 과연 저희가 자본도 인력도 저희보다 훨씬 각강한 대기업을 이길 수 있을까요?"

흥미롭게도 나는 대기업 경영자들에게서는 벤처의 성공비결이 무엇인지에 대한 질문을 많이 받고, 벤처 모임에 가던 대기업에 대한 질문을 많이 받는다. 벤처기업 경영자들은 대기업의 관료주의는 좋아하지 않지만 풍부한 자원, 안정된 비즈니스, 잘 짜여진 시스템, 정보력을 부러워한다. 반면 대기업은 벤처의 유연함, 수평주의, 혁신 등을 부러워한다.

스타트업과 벤처는 어떻게 대기업을 이길 수 있나

스타트업과 벤처기업은 자본과 인력이 풍부한 대기업을 어떻게 이길 수 있을까?

란체스터 법칙Lanchester's law에서 그 해결책을 찾을 수 있으리라 본다. 이 법칙은 영국의 뛰어난 엔지니어였던 란체스터Frederick William Lanchester가 군사작전을 연구하며 거기서 도출한 전략을 제시한 것이다. 성능이 같은 아군 전투기 5대와 3대의 적군 전투기가 공중전을 벌인다면, 최종적으로 살아남는 아군 전투기는 몇 대일까? 2대라고 생각되지만 그의 시뮬레이션에 의하면 2대의 제곱인 4대였다. 그는 전력 차이는 수적 차이의 제곱이라고 말했다. 즉 자원이 많을수록 승리의 가능성은 제곱으로 증가한다는 것이다.

그러면 "당연히 직원 수가 많은 대기업이 무조건 이기겠네요?"라고 묻겠지만 천만의 말씀이다. 대기업은 겉으로 보면 수천, 수만 명의 직원이 일하지만 안으로 들어가 보면 각자가 매우 다양한 일을 펼쳐놓고 한다. 즉 방어선이 매우 길다는 뜻이다. 만리장성을 쌓긴 하는데 불행히도 벽의 두께는 그리 두껍지 않다.

즉 대기업은 전체로 보면 일하는 사람이 수천에서 수만 명이 있지만, 당신이 하는 사업 영역의 일을 하는 사람은 고작 10여 명일 수도 있다는 말이다. 전체 규모는 작지만 당신 회사에서 그 일을 하는 사람이 20명이라면 일단 인력은 2배가 많은 셈이다. 그리고 란체스터 법칙에 의해 당신이 이길 가능성은 2배가 아니라 4배 더 높아진다. 기억하시라. 당신은 대기업과 싸우는 게 아니라 대기업 내에 있는 작은 한 팀과 싸우는 것이라는 점을.

내가 벤처기업을 운영하던 시절 사업하던 영역이 있었다. 국내 유수의 대기업들, 특히 CEO들이 그 영역에 매우 큰 관심을 가졌고 사업을 직접 하기 위해 조직을 만들고 많은 투자를 했다. 그러나 그들은 번번이 실패했다. 왜일까? 우리가 이미 그 영역에 수백 명의 인력을 확보해두었기 때문이다.

대기업은 조직을 만들고 외부에서 인력을 스카우트했지만 기껏해야 수십 명 정도였다. 그러곤 무작정 시장을 크게 보고 높은 매출 목표를 잡았다. 적은 인력이 갑자기 큰 매출을 짧은 기간에 확보할 방안이 있을까? 결국 그룹 계열사들을 활용해 매출을 올리기는 했지만 실속은 없었다. 협력사들에게 일을 다 맡기는 형국이라 자신들만의 차별화된 가치와 핵심역량은 키우질 못했으니, 그저 그런 사업밖에 할 수 없었다. 결국

CEO들이 바뀌면서 사업은 접혔다.

게다가 대기업은 신사업을 벌이는 데 있어 기동성이 떨어진다. 리스크 관리를 위해 돌다리도 두들겨보고 건너며, 보고에 보고를 거치며 시간이 지체된다. 일명 '보고서를 빤다'라는 표현을 쓸 정도다. 승인받는 데만 1년 이상 걸리는 경우가 허다하다.

그럼 사업의 구성원들은 어떠할까? 스타트업 직원들보다 스펙도 좋고 더 스마트한 사람들이 많을지도 모른다. 하지만 해당 사업을 반드시 성공시켜야 한다는 절박감이 약하다. 열정을 견인할 동인이 부족하기 때문이다. 기존 인력들과의 형평성으로 인해 보상제도는 파격적이기 어렵다. 엄청난 성장을 해도 약간의 보너스와 연봉 인상이 다다. 오히려 그다음 해 목표만 높아질 뿐이다. 이런 상황에서 당신이라면 어떤 생각과 어떤 행동을 하겠는가?

더욱이 대부분의 대기업은 오래 기다려주지 않는다. 훌륭한 사업은 대개 J커브로 성장한다. 초기에는 0에서부터 작은 매출이 쌓이면서 몇 년간 축적되었다가 이후 발산하는 형태다. 그러나 대기업의 경우 이렇게 성장하면서 축적되는 시간을 인내심을 갖고 기다려주기 어려운 구조다. 초기에 달성하는 몇억, 몇십억이라는 매출조차 의미 없게 여긴다. 2~3년의 짧은 기간에 큰 성장과 확산이 이루어지면 모르겠지만, 그렇지 않다면 임기가 제한된 CEO의 관심에서 멀어지게 된다.

이런 것들로 요약해보건대 아무리 작은 스타트업이라도 대기업이 소홀히 여기는 허술한 영역에 역량을 집중하면 대기업보다 훨씬 경쟁력을 가질 수 있다.

당신이 스타트업이나 벤처기업을 운영한다면?

만일 스타트업이나 벤처기업을 운영한다면 다음의 전략들을 주의 깊게 살펴보고 활용해보자.

- 대기업과 같은 시장에서 같은 무기와 같은 인력 수로 싸우지 않는다.
- 대기업과는 전면전을 하지 않는다. 대기업과 실제 전력 차이를 낼 수 있는 틈새 영역에 힘을 집중하고, 대기업에서 해당 일을 하는 임직원 수보다 훨씬 많은 임직원을 확보한다.
  간혹 과도한 자신감으로, 규모가 작은 상황에서 대기업이 전력을 다하는 시장이나 대형 투자가 필요한 시장에 뛰어들어 대기업과 정면 승부하려는 경우가 있다. 이는 죽음을 자초할 뿐이다.
- 대기업이 싫어하거나 별로 신경 쓰지 않는 영역부터 시작한다. 다음과 같은 영역들이다. 기술적 난이도는 높은데 초기 시장은 작아 보이고 시장 확대에도 시간이 걸릴 듯해 보이는 영역. 또 대기업의 직원들이 보기에 골치 아프거나 피곤해 보이는 영역. 작게 시작해 시간이 걸리고, 고생하며 축적을 거치다가 비선형적 발산을 하는 영역. 이

영역들은 대기업이 흉내 내기도 따라오기도 어렵다.

월마트는 당시 공룡이던 K마트와 전면전을 치르지 않았다. K마트가 관심 두지 않는 지역, 귀찮아하는 영역, 별로 매출이 나오지 않는 지역에서 힘을 키웠다. K마트는 월마트를 우습게 여겼기에 별로 신경 쓰지 않았으며 대응도 하지 않았다. 이후 월마트가 무섭게 성장하는 것을 보고 '아차' 했을 때는 이미 월마트가 탄탄한 역량을 확보하고 규모를 키운 뒤였다.

스타트업과 벤처의 실패를 막는 전략

만일 스타트업이나 벤처기업을 운영한다면 다음과 같은 것들에 주의를 기울일 필요가 있다.

- 이것저것 벌이지 마라. 포트폴리오 전략이란 규모가 커지면 쓰는 것이다. 작을 때는 가급적 한두 곳에 올인해야 한다.
- 통합, 종합 이런 것들을 멀리 하라. 이런 것은 대기업이 잘하는 영역이다. 나는 '통합'이니 '종합'이니 하는 단어를 사업계획에 쓰는 벤처들이나 중견기업들을 보면 기술이 없거나 성장이 한계에 다다랐다고 판단한다. 이는 좋은 전략이 아니다.

  대기업의 경우 핵심기술은 약하지만 규모를 만들어야 하기 때문에 '통합'과 '종합' 전략을 쓸 수밖에 없고 또 이를 성공시킬 확률이 높다. 그러니 이것은 대기업이 하게 놔두자.

- 대기업과의 거래나 협력에 주의를 기울여라. 대기업은 대개 핵심기술이나 아이디어가 부족하다. 그럼에도 단기간에 실적을 내려 하다 보면, 결국 파트너사들을 활용하게 된다. 이 과정에서 자칫 벤처들이 대기업의 하청 역할을 하거나 대기업과 아이디어 분쟁 등의 이슈가 발생하기도 한다. 대기업 하청은 짧은 기간 큰 규모의 매출과 엄청난 성장을 보장할 수 있는 달콤함이 있지만, 한 방에 훅 갈 수도 있는 위험 또한 있음을 인식해야 한다. 고객은 다양할수록 좋다.

결국 대기업과는 다른 무기, 다른 방법으로 자신 있는 영역에서 싸워야 한다. 망치가 되려 하지 말고 송곳이 되라는 말이다. 대기업이 별다른 관심을 두지 않은 니치 시장을 장악한 후, 고객들에게 새로운 가치를 계속 던져주며 시장을 키워라. 아니면 그 인접 영역으로 확장하는 전략도 좋다.

지압 장군의 3불 전략

베트남의 지압 장군이 제시한 3불 전략이 있는데 이는 기업 경영에도 그대로 적용된다. 첫째, 적이 원하는 시간에 싸우지 않는다. 둘째, 적이 유리한 장소에서 싸우지 않는다. 셋째, 적이 생각지 못한 방법으로 싸움을 기억해야 한다. 흥미롭게도 지금 대기업들의 초기를 보면 모두 혁신적이었으며, 여기 언급한 3불 전략으로 성장했다. 그만큼 효과가 있는 전략이란 뜻이다.

간혹 대기업을 관료주의적이라고 폄하하고 무시하는 스타트업이나 벤처 CEO들이 있다. 하지만 현실은 어떤지 생각해보라. 스타트업이나 벤처 CEO들이 죽도록 고생하며 일해도 회사가 어려운데, 관료주의에 빠진 공룡이라며 비판하는 대기업은 여전히 잘 돌아간다. 왜냐하면 대기업은 능력이 있기 때문이다. 특별한 규제가 없는 경우, 대기업(디지털 대기업 포함)이 마음만 먹으면 거대자본과 기존 역량을 활용해 저가 전략이나 따라 하기 전략, 인력 빼오기, 인수합병 전략 등으로 스타트업이나 벤처를 이길 방법은 무수히 많다. 다만 규제가 있어 그렇게 하지 않는 것뿐이다.

스타트업이나 벤처기업과 대기업은 할 일이 다르다

아마존의 제프 베이조스Jeff Bezos는 이런 말을 했다. "차고에서 창업하는 기업가들은 탄소섬유를 이용해 연료 효율이 높은 보잉787을 만들 수 없다. 대기업이 할 수 있는 일과 스타트업이 할 수 있는 일이 따로 있다. 아마존도 직원 수가 10명, 1,000명, 1만 명, 50만 명일 때 할 수 있는 일이 각기 다르다."

스타트업이나 벤처가 대기업을 흉내 내거나 그들의 주요 사업에 덤벼들면 안 되듯이, 대기업 역시 그들이 할 일을 해야 한다. 그럼에도 많은 대기업이 스타트업이나 벤처 흉내를 내다가 일을 그르치곤 한다. 이 교훈은 기업만이 아니라 개인에게도 적용되는 이야기다. 당신이 화려한 학력, 경력, 배경이 있을 경우와 그렇지 않을 경우 어떻게 싸움을 해야 승리할지 고민해보길 바란다. 분명 다른 전략과 전술을 써야 할 것이다.

스타트업은 스타트업이 잘할 수 있는 일을 하고, 대기업은 대기업이 잘할 수 있는 일을 하면 된다. 망하는 이유는 스타트업이 괜스레 대기업을 흉내 내거나 대기업이 괜스레 스타트업을 흉내 내기 때문이다.

신사업의 성공 확률을 높이는 방법

"K팝, K드라마, K웹툰은 어떻게 성공했는가?"

○

얼마 전 불가리아로 해외 출장을 갔다. 사실 한국 사람들에게 불가리아는 이름만 알 정도이지 여행을 자주 간다거나 한국에 아주 잘 알려진 나라는 아니다. 그런데 놀랍게도 불가리아에서 많은 젊은이가 K팝, K드라마를 즐기고 있다고 한다. 덕분에 한국 교민들의 자부심이 높아지고 사업도 큰 덕을 본다. K콘텐츠들이 정치가들이나 외교관들보다 더 큰 역할을 하고 있는 셈이다. 태국, 러시아, 우즈베키스탄, 파키스탄 등에 출장을 갔을 때도 동일한 현상을 체감할 수 있었다. K콘텐츠는 이미 전 세계에서 성공을 거두고 있다.

K팝과 K드라마가 거둔 성공은 어디에 기인할까?

K콘텐츠, 그중에서도 K팝과 K드라마가 특히 성공을 거두는 비결은 무엇일까? 이에 대해서는 다양한 분석들이 있다. 콘텐츠의 매력 관점에서의 분석도 있고, 주제나 형식 관점에서의 분석도 있으며, 대중과의 소통 관점에서의 분석도 있다. 나는 경영자로서 '책임자들이 어떤 환경에서 어떤 방식으로 일했기에 이러한 결과를 내게 되었을까?'에 더 관심이 있다.

이 분야 사업 책임자들이나 프로듀서들이 어떤 방식으로 일했기에 유독 이 분야의 성공이 두드러진 것일까? 국내 엔터사에서 히트작을 연달아 내고 있는 한 프로듀서의 인터뷰에서 힌트를 찾을 수 있었다. 그는 이렇게 말했다. "여기는 최고로 뛰어난 사람을 뽑아 제약 없이 마음껏 플레이하게 합니다."

그의 인터뷰를 보니 제임스 하킨James Harkin이 《니치》라는 책에서 언급한 것이 떠올랐다. 그 책에서는 볼품 없었던 후발주자 HBO가 미디어 자이언트들을 꺾고 무섭게 성공한 비결을 다음과 같이 이야기한다.

첫째, 최고의 보상을 하고 최고의 인재를 끌어들인다. 그리고 이것이 소문나게 한다. 둘째, 비판과 참견을 금하고 책임을 맡긴다. 제한하지 않고 모험하게 하며 마음껏 상상력을 발휘하게 한다. 셋째, 틈새를 노린다. 대형 회사나 기존 회사가 줄 수 없는 유니크unique한 것을 만들고, 신도 같은 충성고객을 만든다.

하킨이 말한 3가지는 창의적 영역과 신사업에서 성공 확률을 높이는 가장 핵심이 되는 요소다. K콘텐츠가 글로벌시장에서 성공할 수 있었던 동력 역시 바로 여기서 찾을 수 있다.

K웹툰의 질이 높아지고 저변이 확대된 이유

K웹툰 또한 K콘텐츠 성공의 끊이지 않는 샘물 역할을 하고 있다. 과거 일본 만화에 비해 조잡한 수준에 머물렀던 한국 웹툰의 저변과 질은 놀라울 정도로 급속히 확산되고 향상되었다. 그 원인은 무엇일까?

누구나 작가로 참여할 수 있다

과거 만화의 생산 체계는 대개 작가들이 유명 작가의 문하생으로 들어가서 도제식으로 일하는 방식이었다. 소위 검증된 사람들만 만화를 그릴 수 있었으나 지금은 포털에 누구나 작품을 올릴 수 있다. 만화를 그리는 실력 자체가 중요하지 않다는 의미다. 그보다는 대중의 픽을 받을 수 있는 작품을 만들어

내느냐가 관건이다.

양이 증가하면 그 속에서 질은 자연스레 담보된다. 다양성과 창의성을 발휘하는 숨은 고수들이 나타나기 때문이다. 자본주의가 공산주의를 이긴 비결, SNS가 전통 언론 매체들을 능가한 비결 또한 유사하다. 뛰어난 소수 엘리트들의 계획과 통제가 덜 똑똑해 보이는 대중의 이기심 추구를 이길 수 없다.

강렬한 인센티브

그냥 취미로 참여하게 유도하거나 보상이 낮은 수준이라면 많은 사람이 참여하기도 지속하기도 어려웠을 것이다. 그러나 작가들의 수익은 점점 증가하고 있으며, 대기업 CEO들이나 웬만한 창업가들보다 더 많은 수입을 얻는 스타들이 나타나기 시작했다.

콘텐츠진흥원의 2022년 웹툰 작가 실태조사에 따르면, 최근 1년 내내 작품을 연재한 경험이 있는 작가의 연간 수입은 1억 8,700만 원이었다. 2021년과 비교해 무려 46퍼센트나 증가했다. 5,000만 원 이상의 연 수입자가 약 50퍼센트에 이를 정도다. 100억 이상 수입을 올티는 작가들 또한 꽤 있는 것으로 드러난다. 이러한 인센티브는 재능 있는 사람들을 끌어들일 뿐만 아니라 그곳에서 지속적으로 자신의 재능을 발휘하게 한다.

선순환 체계로 돌아가는 생태계

생태계를 만들고 선순환 체계를 유지한 플랫폼이 잘 구축되어 있다. 네이버 등이 이러한 생태계를 만드는 플랫폼에 과감히 투자하고 사람을 모으고 인센티브 시스템을 설계해 이를 성공시켰다. 공급자와 수요자 양측 모두 증가하게 되어 플랫폼으로서의 네트워크 효과를 창출한 것이다.

선순환 체계가 만들어지니 더 많은 작가가 꾸준히 유입되고, 질 좋은 작품들이 다양하게 만들어지면서 시장이 활성화된다. 그뿐인가. 이러한 콘텐츠가 멀티 유즈multi-use되며 확산됨으로써 선순환 체계가 더 강화되고 있다. 플랫폼 관점에서 성공 확률을 높이는 데는 위의 3가지가 핵심이다.

새로운 영역에 도전할 때 성공 확률을 높여주는 3가지

이러한 성공 요인은 웹툰에만 해당하지 않는다. 기업에서 잘 모르는 영역, 창의성이 필요한 영역, 새로운 영역의 신사업 성공을 높이는 비결도 이와 유사하다. 첫째, 최고의 인재들을 찾는다. 둘째, 최고의 보상을 해준다. 셋째, 큰 목표와 방향만 제시하고 이후 권한과 자율을 마음껏 준다. 그리고 필요한 자원을 지원해준다.

중요한 것은 3가지 모두가 '앤드and'여야 한다는 점이다. 물론 이 3가지가 반드시 성공하는 방법은 아니다. 이 방법을 활용해도 망하는 경우도 꽤 있다. 앞서도 말했듯 성공은 여러 요인과 변수가 복합되어 이루어지는 것이기에 반드시 성공하는 비결이란 없다. 그럼에도 성공 확률을 높여주고 실패 확률을 낮춰주는 비결은 있다. 여기 제시한 3가지 원칙은 어쨌든 성공 확률을 높여줄 것이다. 최고의 인재는 알아서 최고의 팀원들을 리쿠르팅recruiting해 팀을 만들 것이고, 최상의 전략을 세울 것이며, 성공을 위해 엄청나게 노력할 것이기 때문이다.

설립한 지 2년도 안 된 회사에서 겪었던 일이다. 대기업에서 만든 벤처이긴 했지만 작은 규모의 스타트업이었다. 외부 사업은 거의 없었고 주주인 대기업의 지원으로 매출을 내며 겨우 먹고살고 있었다. 회사의 대기업 스핀오프 시 나온 초기 멤버인 경영기획본부장이 나를 리쿠르팅하기 위해 찾아왔다. 그는 소신이 강한 사람이었다. 그는 내게 이렇게 말했다. "당신이 최고라는 것을 압니다. 최고의 대우를 해주고 마음대로 하실 수 있도록 하겠습니다." 그리고 실제로 그 회사는 내게 자유를 주겠다는 약속을 지켰다.

나는 내부 보고를 위해 보고서를 써본 적이 거의 없다. KPI에도 신경을 써본 적이 없다. 고위 경영자층은 내가 요청하는 투자, 인력 채용을 의심하지 않았으며 적극 지원해주었다. 나는 본부장직을 거쳐 이후 해당 회사의 CEO를 맡았으며, 회사는 100배 가까운 매출과 이익 성장이 이루어졌다. 해당 본부장은 자신이 나보다 선임 본부장이었음에도 내가 대표이사가 되기를 적극 추천했다.

한번은 술자리에서 그 본부장이 "이 회사가 창업할 때부터 여기 다니면서 제일 잘한 일은 대표님을 채용한 것입니다."라고 말했다. 내가 잘한 부분도 있지만, 일을 할 수 있게 재량권을 주고 적극 지원해준 것이 컸다. 물론 회사의 규모가 커지면서 관리 체계가 자연스럽게 강화되긴 했지만 말이다. 이후 다른 회사에서 스카우트된 후에도 유사한 경험을 했다. 과감히 맡겨주었고 덕분에 여러 차례에 걸쳐 트랜스포메이션transformation에 성공할 수 있었다.

그런데 대부분의 기업은 그렇지 못하다. 특히 대기업들은 앞서 말한 3가지 중 첫 번째와 두 번째는 잘한다. 최고의 인재가 누구인지 잘 파악하고 과감한 조건으로 리쿠르팅 또한 꽤 잘한다. 그러나 불행히도 대개 세 번째에서 실패한다. 왜 그런 것일까?

대기업이 권한과 자율을 주지 못하는 이유

큰 목표와 방향만 제시하고 이후 권한과 자율을 마음껏 주며, 필요한 자원을 지원해주는 것이 성공이 비결임을 살펴봤다. 그런데 대기업에서는 왜 이런 지원을 해주지 못하는 것일까? 그 이유를 정리해보자.

첫째, 대기업은 '시스템'과 '정책'이 단단히 구축되어 있다. 시스템은 장점도 있지만 단점 또한 많다. 대게 한 기업이 오래 뿌리내린 시스템은 기존의 사업에 최적화되어 있다. 그러다 보니 기본적으로 계획을 세우고, 보고받고, 점검하고 평가하는 체계가 너무 강하고 유연하지 못하다. 평판, 재무, 규제 등의 리스크를 체크하는 시스템 또한 강력하게 갖추어져 있다. 이런 것에 이미 익숙한 조직이 신사업을 대할 때 유연해지기란 쉽지 않다. 그러니 자율과 재량권을 쉬이 주지 못한다.

둘째, 고위 경영자들의 과도한 관심이 자율을 방해한다. 고위 경영진들의 신사업에 대한 과도한 관심은 결국 끊임없는 체크나 보고로 귀결된다. 책임자에게 일을 맡기지 못하고, 본인이 관여해서 체크하고 이해하려 한다. 이럴 경우 어떤 문제가 생길까? 경영자에게 신사업에 대해 설명하고 이해시키고 그들을 교육하는 데 상당한 시간을 쓰게 된다. 그러다 보면 정작 그 일을 실행하는 데 쓸 에너지가 부족해지는 것이다. 경영자들은 그동안 자신이 쌓아온 경험을 토대로 의견을 제시하는데 이것이 어느새 지시가 되고 간섭이 된다. 이럴 때는 아무 일도 안 하고, 요청하는 지원만 제공해주는 편이 성공 확률을 높이는 길이다.

셋째, 기다려주기 어렵다. 오너가 아닌 경영자들은 계약직이기에 주어진 시간에 한계가 있다. 즉 당장 성과를 내야 자리를 보존할 수 있는데, 몇 년을 기다려야 잘될 사업이라면 선뜻 승인하기 어렵다. 당신이 이러한 상황에서 경영자 자리에 있다면 어떤 선택을 할 수 있을까? 마냥 믿고 맡기기는 어려울 것이다.

게다가 신사업이 시작되면 기존 사업의 임직원 또한 불만이 많아진다. "돈은 우리가 버는데 왜 저 사람들만 특별 대우를 받는 거지?" "우리가 돈을 벌어주고 저들이 가져다 쓰는군." 이런 생각들이 일종의 피해의식을 만들기도 하기 때문이다. 따라서 기존 사업과 신사업 간의 문화적 충돌이나 갈등이 생기기도 한다.

신사업 초기에는 목표와 방향만 제시하라

내 경험을 되돌아보건대 이러한 이유들 때문에 외부에서 최고의 인재를 영입해도 제대로 활용하지 못하는 경우가 많았다. 이런 문제들에서 벗어나려면 차라리 별도의 회사를 만들어 스핀오프를 시키는 게 그나마 대안이 될 수 있다. 물론 이 경우에도 도움을 준다는 명목으로 전문성이 약한 모기업의 사람들을 대거 파견하거나 경영관리 체계를 만든다는 명분하에 모기업의 경직된 경영 체계를 이식하는 경우가 있다. 이럴 경우 당연히 성공 확률은 낮아진다.

끊임없이 보고를 요청하거나 단계마다 일일이 간섭하는 것 또한 성공 확률을 낮추는 요인이다. 관리는 어느 정도 성장 괘도에 올랐을 때 해도 늦지 않다. 신사업 초기에는 큰 목표와 방향만 제시하고 가능한 한 맡겨놓아야 한다.

그러면 이런 질문을 할 수 있다. "그렇게 맡겨놓았다가 통제받지 않고 자기 마음대로 경영해서 회사에 물의를 일으키거나 망하면 어떻게 하나요?" 그러니 최고의 사람을 뽑으라는 것이다. 최고의 사람이란 전문성 면에서만 최고를 의미하는 것이 아니다. 주인 정신을 갖고 열정적으로 일하면서 윤리적 책임을 지고 자기관리를 할 줄 아는 사람을 뜻한다. 이런 사람이라면 결코 회사를 방만하게 멋대로 경영할 일은 없다.

초기에는 목표와 방향만 제시하라. 물론 리스크 관리 차원에서 불법, 비윤리, 경영자의 도덕적 해이 등의 위험 요소는 주기적으로 체크할 필요가 있다. 그러나 이런 것들을 제외하고는 일일이 보고를 받거나 사사건건 간섭하는 것은 멀리 하는 게 좋다. 원하는 것을 지원해주고 성과가 나오면 크게 즈려하고 인정해주어라. 간섭을 전혀 하지 말라는 말이 아니라 최소화하라는 것이다.

최소화의 기준은 무엇일까? '그것을 안 하면 당장 망할 수 있을 만한 것' 정도가 되겠다. 마이크로 매니징은 금물이다. 훌륭한 사람을 뽑고 엄청난 돈을 투자하면서도 마이크로한 간섭을 한다면 그런 사람을 쓸 이유가 없다. 최대한 재량권을 주고,

어느 정도 규모가 커지면 그때 가서 마음껏 참견하라. 만일 최고에게 맡겼는데도 망하는 사업이라면 통제해도 마찬가지다. 오히려 시간만 질질 끌다가 망했을 것이다.

흥미롭게도 초기에는 자율과 기업가정신으로 성공한 많은 기업이 규모가 커지면서 달라진다. 신사업을 할 때조차 기존 사업 다루듯이 하는 것이다. K팝, K드라마 또한 마찬가지일 가능성이 높다. 지금은 최고의 인력으로 마음껏 자율과 열정을 발산해 성공하지만 산업 규모가 점점 커지면서 경직될 위험성이 있다. 이처럼 '시스템화'라는 것은 양면이 있음을 기억해야 한다.

시스템화되면 돈만 벌고 성장이 둔화되면서 경영진들이 안주하는 그저 그런 공룡이 될 수 있다. 물론 이후 나타난 창의적이고 유연하며 열정적인 다른 팀에 의해 경직된 공룡은 파괴될 테지만 말이다. 세상에 영원한 것은 없다. 나는 K팝, K드라마, K웹툰 등 K콘텐츠 산업이 더욱 활성화되기를 바란다. 이 산업의 경영자들이 깨어 있는 마인드로 산업을 이끌어서 이러한 열풍이 지속되기를 소망한다. 배가 부르고 인기가 높아졌다고 돈이나 챙기고 공장처럼 표준화된 상태로 운영하지 않아야 한다. 정치가 실력을 앞서고 최고의 실력자들이 현실에 안주하면서 패망의 길로 가지 않기를 바란다.

앞서 새로운 시장에 도전할 때 필요한 성공 요소를 살펴봤다. 첫째, 최고의 인재들을 찾는다. 둘째, 최고의 보상을 해준다. 셋째, 큰 목표와 방향만 제시하고 이후 권한과 자율을 마음껏 준다. 그리고 필요한 자원을 지원해준다. 이것이 그 3가지였다.

K웹툰의 성공을 지켜보며 여기에 성공 요소 하나를 더 추가하고 싶다. 즉 '신사업에 모든 구성원들을 참여시켜라'이다. 함께 일하는 사람들 또한 자신의 재능을 발산케 하라. 그들을 희생시키고 그들의 아이디어를 억누르며 열정페이를 지급하는 사업방식은 오래가지 못한다. 그들이 마음껏 실력을 발휘하고 숨은 고수들을 찾을 수 있도록 게임을 설계하고, 이러한 기여자 또한 부를 얻을 수 있도록 하라. 열정적으로 일하다가도 창업자나 CEO와 핵심 임원만 부를 가져간다는 것을 알면 그 열정이 꺼져버린다.

최근 모 플랫폼 기업에서도 이런 이슈가 발생해 시끄러웠다. 소수 엘리트의 철저한 계획과 아이디어보다 다수의 보통 사람의 이기심 추구가 훨씬 더 나은 결과를 가져온다는 것을 기억하라.

경영
시스템
스케일업
경영 시스템

PART 2

1

성장기 기업의 병목과 경영 시스템 구축

"병목을 해결할 시스템, 문화, 리더십"

○

회사가 1→10으로 간다는 것은 무엇을 의미할까? 이제 1을 발견했고, 이를 ×10으로 확장해나간다는 뜻이다. 그러나 불행히도 본격적인 성장은 마케팅 비용을 쏟고 돈을 태운다고 저절로 이루어지는 게 아니다. 이 단계에서는 성장을 위해 사람을 채용해야 하고, 단순히 '파는 것'을 넘어 다양한 지원 기능을 추가해야 한다. 이 과정은 필연적으로 조직의 '복잡도'를 증가시킨다.

과거에는 뜻이 맞는 몇 사람이 모여 빠른 속도로 일했지만, 이제는 다양한 배경과 서로 다른 가치관을 지닌 사람들이 함께 일해야 한다. 그 결과 커뮤니케이션 비용이 증가하고 협력은 점점 어려워진다. 목표와 방향에 대한 얼라인먼트alignment도 점점 힘들어지며 부서 간에도 의도하지 않은 사일로silo가 발생한다. 조직의 속도는 자연스럽게 느려진다.

이러한 문제를 해결하지 못하면 성장은 쉽게 병목에 걸린다. 이를 해결하기 위해 필요한 것은 크게 2가지다. 하나는 시스템과 문화, 다른 하나는 리더십이다.

간혹 창업자들에게서 이런 질문을 받는다.

"문화도 엉망이고 시스템도 제대로 갖춰져 있지 않은 회사가 돈은 잘 벌더군요."

"리더십도 부족하고 사람을 도구처럼 쓰는 기업도 엄청난 매출을 올리더라고요."

기억해야 할 것은 좋은 시스템, 좋은 문화, 좋은 리더십이 있다고 해서 그것이 곧 매출이나 이익, 성장을 보장해주지는 않는다는 점이다. 주식시장을 떠올려보자. 시황이 좋을 때는 눈을 감고 주식을 골라도 돈을 번다. 반대로 시황이 나쁘면 최고의 전문가들조차 손실을 본다. 돈을 버는 데 가장 큰 영향을 미치는 요소는 어떤 업을, 어떤 타이밍에, 어떤 사업모델로 하느냐다.

　운이 좋게 이 3가지가 맞아떨어지면 서툰 경영을 해도 돈을 벌 수 있다. 그러나 경영의 핵심은 단타가 아니라 지속가능성이다. 기업을 세웠다면, 가능한 한 지속 가능한 성장을 만들어가야 한다. 그것이 경영의 본질이다.

　매력적인 영역을 빠르게 발견해 단기간에 매출을 만들어낼 수 있다. 하지만 조직과 시스템을 다루는 데 불편함을 느끼는 창업가라면 가능성이 높을 때 회사를 매각하는 등 엑시트를 선택하는 편이 더 현명할 수도 있다. 시스템, 문화, 리더십이 좋다고 해서 회사가 반드시 돈을 버는 것은 아니다. 실제로 좋은 시스템과 문화를 갖추고도 실패한 회사는 많다. 다만 분명한 사실은, 좋은 시스템과 문화, 리더십은 기업의 지속가능성에 대한 확률을 높여준다는 점이다.

　경영의 핵심은 단기적인 성공비법을 찾는 데 있지 않다. 기업의 지속가능성을 확률적으로 높이는 방법을 찾고, 그것을 조직에 정착시키는 데 핵심이 있다. 0→1을 잘하는 창업가들은 감각적으로 무에서 유를 만들어내는 데 강점이 있다. 그러나 0→1을 잘하는 것과 1→10을 잘하는 것은 전혀 다른 영역이다. 후자의 영역을 우리는 흔히 경영의 영역이라 부른다.

　여기서 창업가는 갈림길에 선다. 연쇄 창업가가 될 것인가, 경영자가 될 것인가? 어떤 창업가는 창업 그 자체에서 즐거움을 느끼며 역량을 발휘한다. 이들은 0→1을 만들고 엑시트한 뒤 다시 0→1에 도전할 수 있으며, 시간이 지나면 투자자로 전환하기도 한다. 반면 어떤 창업가는 0→1에 만족하지 않고 1→10, 10→100까지 가고자 한다. 후자의 경우라면 경영자로서 훈련을 받을 필요가 있다. 성장 과정에서 발생하는 병목을 이해하고, 이를 해결하기 위한 시스템·문화·리더십을 구축해야 한다.

0→1에서 1→10으로 넘어가기 위해 필요한 5가지 변화

0→1에서 1→10으로 넘어가기 위해서는 다음의 5가지 기본적인 변화가 필요하다.

우리는 왜, 어떻게 성장하려 하는가?(미션·비전·목표)

주먹구구식 마을을 지도 있는 도시로 바꾸는 일이다. 규모가 커질수록 창업가의 머릿속에 있던 방향성을 명문화하고 구조화해 꺼내야 한다. 회사의 미션, 비전, 핵심 가치를 공유하고 조직 구조를 정립하며, 무엇을 목표로 삼고, 무엇을 우선할지 명확히 해야 한다.

누가 어떤 역할과 책임, 결정을 하는가?(조직 구조)

창업자의 눈에서 시스템의 눈으로 전환하는 단계다. 창업자가 수신호 경찰처럼 모든 결정을 내리는 구조에서, 신호등이 작동하는 구조로 바꾼다. 중간 관리자와 책임자를 세우고 조직 구조와 R&RRoles&Responsibilities을 정의한다. 창업자가 빠져도 조직이 돌아가도록 만드는 것이 핵심이다.

어떻게 정기적으로 실행하고 점검하는가?(목표 관리·실행 관리·성과 관리)

애드리브식 실행에서 리듬 있는 실행으로 바꾼다. 즉흥적으로 지시하는 방식이 아니라, 회사-팀-개인의 목표를 정렬하고 주간 미팅, 월간 리뷰, 분기 OKR 등을 통해 실행과 점검의 리듬을 만든다.

어떻게 사람을 뽑고 키우는가?(인사 관리)

개인의 역량에서 조직의 역량으로 전환하는 단계다. 회사에 맞는 채용 기준을 세우고 온보딩 프로세스를 정립한다. 리더십 기준을 마련하고, 성과와 역량 중심의 평가 체계를 구축한다.

스스로 움직이게 하려면 무엇이 필요한가?(문화·핵심 가치·일하는 방식)

창업자의 에너지에서 팀의 자기 추진력으로 옮겨가는 단계다. 개인이 스스로 판단하고 움직일 수 있도록 핵심 가치와 일하는 방식을 명확히 한다.

이제 '경영 시스템을 구축한다'는 것이 무엇인지 하나씩 정리해보자.

92

- 회사 정체성과 방향 설정
- 회사의 핵심 가치와 일하는 방식
- 목표 관리
- 조직 관리
- 인사 관리
- 숫자 관리
- 운영 관리

2

회사의 정체성과 방향 설정

"강한 조직을 만드는 미션, 목표, 핵심 가치"

○

　조직이 성장하고 복잡도가 증가하면 구성원들은 각자 자신의 일만 하고, 자신의 방향만을 보게 된다. 이 경우 조직의 힘은 약화된다. 결국 구성원들이 하나의 방향을 바라볼 때 조직의 힘이 생기고, 성장의 병목도 해소된다. 구성원들이 하나의 방향을 보게 하는 첫 번째 출발점은 무엇을 하는 회사인지를 명확하게 정의하는 것이다.

먼저 회사의 정체성을 설정하라

회사는 왜 존재하는가? 우리 회사는 무엇을 하는 회사인가? 이에 대한 정의가 필요하다. 그러면 이 정의는 0→1 단계부터 반드시 필요할까? 그 답은 'Yes'일 수도 있고 'No'일 수도 있다. 사실 0→1 단계는 아직 어떤 방향으로 갈지 명확히 정해지지 않은 상태이기 때문이다.

내게 한 창업자가 찾아와 이런 고민을 털어놓은 적이 있다.

"저희는 창업 당시 교육 사업을 미션으로 시작했습니다. 그런데 막상 들어가 보니 해당 영역의 성장 가능성이 크지 않다는 것을 알게 됐습니다. 문제는 미션을 너무 강하게 설정한 탓에 그 미션에 공감하는 사람들만 모였고, 새로운 사업으로의 피보팅에 강하게 반대하고 있다는 점입니다."

이 사례는 미션을 너무 이르게 정하는 것이 반드시 바람직한 선택만은 아닐 수 있음을 보여준다. 미션이나 정체성은 사람들의 마음을 묶고, 그 방향에 공감하는 사람들을 모으는 힘이 있다. 그러나 동시에 그 정체성은 조직의 변신과 전환을 어렵게 만들기도 한다는 점을 기억해야 한다.

따라서 0→1 단계에서는 다양한 실험과 피보팅을 충분히 거친 뒤 확실한 '1'을 발견하고, 스케일업 단계로 넘어갈 때 미션과 정체성을 정의해도 늦지 않다. 또한 이 모습을 정하는 데 지나치게 많은 노력을 들일 필요도 없다.

강한 조직이 명확히 하는 3가지

강한 조직은 다음 3가지를 명확히 설정한다.

미션 Mission

WHY: 우리는 왜 존재하는가?(방향과 의미)

목표 Objectives

WHAT: 우리는 무엇을 달성하고자 하는가?(구체적인 결과)

핵심 가치 Core Values

HOW: 우리는 어떤 태도와 기준으로 일하는가?

아마존을 예로 들어 살펴보자.

- 미션: To be Earth's most customer-centric company
- 목표: 중장기 목표(세계 최고 수준의 고객 만족도, 프라임 가입자 증가, AWS 1위, 물류 혁신 등)와 단기 목표
- 핵심 가치: 16개의 리더십 원칙(고객 집착, 오너십, 최고 기준 등)

구글을 예로 들어 살펴보자.

- 미션: To organize the world's information and make it universally accessible and useful

- 목표: 제품·기술·사회적 영역에서의 중장기 목표와 단기 목표

- 핵심 가치: 사용자 중심, 속도 우선, 실험, 데이터 기반 의사 결정, 수
  평적이고 개방적인 문화

3

핵심 가치와 일하는 방식

**"아마존이 고객 집착을,
애플이 단순함을 지키려는 이유"**

○

내가 멘토링하는 한 화장품 회사는 매우 빠르게 성장하 창업한 지 몇 년 만에 매출 1조 원을 바라보고 있다. 멘토링을 하며 관찰해보니 이 회사의 가장 큰 힘 중 하나는 바로 '핵심 가치'였다. 이 회사는 핵심 가치를 기준으로 사람을 채용하고, 일하는 방식을 정하며, 문화를 만들어왔다. 흥미로운 점은 창업자들이 직장 생활을 한 번도 해본 적이 없다는 사실이다. 그 덕분에 기존 조직에서 형식적으로 운영되던 방식을 답습하지 않았으며, 책을 통해 원칙과 체계를 처음부터 설계했다. 그리고 그 점이 오히려 성공적으로 작용했다.

사실 대부분의 회사에서 핵심 가치는 회사 벽에 걸어두는 형식적 구호에 그치는 경우가 많다. 그래서 직장 생활을 통해 그런 방식을 경험해본 사람일수록 핵심 가치에 대해 회의적인 인식을 갖기 쉽다. 그러나 이 회사의 창업자들은 조직 경험이 없었기에, 기존의 형식을 답습하지 않고 핵심 가치를 실제 운영의 기준으로 삼을 수 있었다. 그 결과 핵심 가치가 말이 아니라 행동과 결정의 기준으로 작동하는 경험을 할 수 있었다.

핵심 가치를 제대로 활용하면, 그것은 조직을 움직이는 매우 강력한 도구가 된다.

그렇다면 핵심 가치는 왜 중요한 것일까?

첫째, 정체성을 드러낸다. 아마존의 핵심 가치는 그들이 '고객 집착'을 우선시하는 조직임을 보여주고, 애플의 핵심 가치는 그들이 '단순함'과 '혁신'을 추구하는 조직임을 드러낸다.

둘째, 판단과 의사결정의 기준이 된다. 핵심 가치는 조직이 무엇을 중요하게 여기는지를 명확히 표현한다. 세부 지침이 없더라도 핵심 가치는 회사의 나침반 역할을 한다.

셋째, 실행의 원동력이자 조직 문화 형성의 기반이 된다. 조직의 목표와 전략을 실제 행동으로 옮기는 힘이 되며, 조직 문화를 만들어간다. 동시에 인재를 끌어들이는 데 강력한 영향력을 발휘한다.

만일 핵심 가치가 없다면 어떻게 될까? 조직은 특별함 없이 그저 그런 회사가 된다. 판단 기준이 매번 바뀌고, 사람마다 기준이 달라 같은 문제가 반복된다. 조직 문화는 개인 성향에 따라 흔들리고, 리더의 성향에 따라 일의 우선순위와 일하는 방식이 달라진다.

그러면 핵심 가치란 무엇인지 그 의미를 살펴보자. 핵심 가치는 좋은 단어를 나열하는 데 있지 않다. 나는 핵심 가치를 이렇게 정의한다. "이것을 무너뜨리고 돈을 벌 수 있음에도 끝까지 지키는 것."

애플은 제품을 더 복잡하게 만들어 돈을 벌 수도 있지만, 그렇게 하지 않는다. 유지하는 데 비용이 들고 포기가 필요한 것이 핵심 가치다. '저렴함'이 핵심 가치라면, 더 비싼 제품으로 돈을 벌 수 있더라도 그 기회를 포기할 수 있어야 한다. 모든 것을 다 잡으려 해서는 핵심 가치를 지킬 수 없다. 핵심 가치는 그 회사만의 독특함을 드러내며, 그 가치에 공감하는 사람들이 모이게 만든다.

물론 한 기업의 핵심 가치는 하나만 존재하지 않는다. 여러 개의 핵심 가치를 가질 수도 있다. 만일 핵심 가치들 간에 충돌이 발생할 경우에는 어떻게 해야 할까? 예를 들어 어떤 기업의 핵심 가치가 '높은 기준'과 '고객 중심'이라고 해보자. 고객 관점에 집중하다 보면 준비되지 않은 상태에서 빠르게 움직여야 하므로 높은 기준이 희생될 수 있다. 반대로 내부의 높은 기준을 우선하면 고객의 즉각적인 요구에 대응하기 어려워질 수 있다.

이럴 때는 핵심 가치 간의 우선순위를 정해두는 것이 필요하다. 그 우선순위를 정하는 기준은 '미션'이다. 예컨대 아마존은 여러 핵심 가치를 가지고 있지만, 그중에서도 최상위 가치는 '고객 집착'이다. 또 하나의 방법은 케이스 스터디를 통해 가이드라인과 구체적인 예시를 공유하는 것이다. 좋은 조직은 가치 충돌을 회피하지 않고, 오히려 소통과 대화의 기회로 삼는다. 이 과정에서 구성원들은 조직의 진짜 기준을 몸으로 체화하게 된다.

그렇다면 핵심 가치는 영원할까? 그렇지 않다. 글로벌 기업들 역시 핵심 가치를 추가하거나 조정한다. 대체로 다음과 같은 경우에 변화가 일어난다. 조직의 단계가 변화할 때, 기술·시장·고객 트렌드가 바뀔 때, 사회적 요구와의 충돌이 발생할 때다. 예를 들어 아마존은 물류 센터 노동 이슈, 직원 이직률 문제 등이 발생한 이후 직원의 안전과 복지, 성장을 강조하는 '최고의 고용주가 된다'는 핵심 가치를 추가했다.

핵심 가치는 정해놓는다고 자동으로 실행되지 않는다. 이를 조직에 내재화하기 위해서는 다음과 같은 활동이 필요하다.

- 핵심 가치를 행동 언어로 표현하기Do, Don't
- 각종 회의와 업무 루틴에 핵심 가치가 스며들게 하기
- 교육에 반영하기

- 회고, 피드백, 코칭에 반영하기

- 평가와 승진에 반영하기

- 업무 시스템에 반영하기

- 실행 사례를 공유하고 지속적으로 업데이트하기

또한 구성원들에게 핵심 가치를 지키는 데 참여하고 실천해야 하는 이유를 분명히 설명해야 한다. 핵심 가치를 실천하는 일은 조직을 위한 것일 뿐 아니라, 구성원 개개인의 성장과 경쟁력 향상에도 직접적으로 연결되기 때문이다.

4

목표 관리

"효율적이고 효과적인 길을 찾아 성장하라"

○

내가 성장기업의 스케일업을 자문하면서 가장 먼저 짚는 영역은 바로 목표 관리다. 물론 조직에 따라 특별한 목표를 세우지 않고도 성장하고 성공하는 경우가 있다. 여러 차례 언급했듯이 경영에는 만능 공식이 없기 때문이다. 정상에 오르는 길은 다양하며, 다만 조금 더 효과적이고 효율적인 길이 있을 뿐이다. 목표 관리도 그중 하나다.

조직이 복잡해지고 구성원이 다양해질수록 조직은 분화되고 사일로화된다. 이런 상황에서 '왜 구성원들이 회사 전체를 보지 않느냐'고 불만을 토로하는 창업가들도 있는데, 이는 난센스에 가깝다. 사람은 본래 자기 일에 초점을 맞추게 되어 있고, 자신의 이해관계에 따라 움직인다.

이처럼 각자가 자신의 일에 집중하는 상황에서 조직 전체가 가는 방향으로 얼라인^{align}하려면 해법은 단순하다. 전사의 목표를 명확히 하고, 개개인의 업무를 여기에 얼라인시키는 것이다.

목표 관리는 다음의 네 단계로 이루어진다.

목표 설정→지표화→목표 달성 상황의 가시화→내재화(달성을 위한 코칭·지원, 결과 리뷰·평가)

1단계: 목표를 명료화한다

목표가 지나치게 많고 복잡하면 구성원들은 이를 이해하기 어렵고, 판단 기준 역시 흐려진다. 그 결과 조직은 한 방향으로 움직이기 힘들어진다. 따라서 목표는 반드시 집중돼 있어야 한다. 그렇다면 목표란 무엇인가? 목표는 다음과 같은 방식으로 표현돼야 한다.

"언제까지 X를 Y로 만든다."

목표에는 기한과 변화가 반드시 포함돼야 한다. 그리고 가능하다면 3가지 정도로 압축하는 것이 좋다. 이 가운데에서도

'가장 중요한 목표'가 무엇인지 분명히 해야 한다. '가장 중요한 목표'란 조직이 현시점에서 가장 집중해야 할 단 하나의 목표다. 이는 중장기 과제로 설정할 수도 있고, 연간이나 분기 단위의 목표로 쪼갤 수도 있다. 특히 속도가 빠른 조직일수록 매 분기 지금 무엇에 집중하고 있는지를 명확히 제시해야 한다. 그래야 구성원들은 각 분기마다 우리 조직이 가장 중요하게 여기는 것이 무엇인지 분명히 인식할 수 있다.

목표 설정에 있어서 기억해야 할 단어는 '3가지' 그리고 '원씽One Thing'이다.

2단계: 지표로 표현한다

목표는 선언만으로는 달성되기 어렵다. 회사의 목표가 팀의 목표로 구체화되고, 다시 개인의 역할과 과제로 연결될 때 비로소 실행이 시작된다. 여기에 측정 가능성이 더해져야 성취 여부도 분명해진다. 이를 위해 목표는 반드시 지표로 표현돼야 한다.

그리고 지표는 2가지로 나뉜다.

- 선행 지표: 그 집중이 실제 실행되고 있는지를 어떻게 알 수 있는가?
  - → 선행 지표(60~70퍼센트): 성과를 만들어내는 '행동'을 관리하며,

실시간 피드백이 가능하다.

- 후행 지표: 그 실행이 실제 결과를 만들고 있는지를 어떻게 확인하는가?

  → 후행 지표(30~40퍼센트): 최종 성과로서, 목표Objective가 달성됐는지를 '판정'하는 역할을 한다.

많은 조직이 후행 지표에 집중하지만 개개인에게는 선행 지표가 훨씬 더 중요하다. 선행 지표는 목표를 예측할 뿐 아니라 개인의 행동과 직접 연결되기 때문이다. 행동과 연결된다는 것은 곧 통제가 가능하다는 의미다. 후행 지표는 통제하기 어렵지만 선행 지표는 관리와 피드백이 가능하다.

후행 지표는 다음과 같은 함수로 표현할 수 있다.

후행 지표 = f(선행 지표 1, 선행 지표 2, …)

이 수식이 정교하게 만들어질수록 그것은 곧 그 조직만의 성공공식이 된다.

3단계: 목표 달성을 가시화한다

목표를 세우고 지표로 만들었다 해도 점수판이 보이지 않으면 사람들은 잘 움직이지 않는다. 대부분의 학생은 시험과 평가, 성적을 싫어한다. 그러나 만약 시험과 평가, 성적이 없다면 어떻게 될까? 물론 그런 환경에서도 잘하는 학생은 있지만 소수에 불과하다. 자신의 현재 수준을 알아야 의지가 생기고, 더 나은 결과를 위해 노력하는 것이 보통 사람들의 모습이다. 따라서 목표 달성 상황은 매주, 매월 가시화돼야 한다. 지표의 변화는 대시보드 형태로 공유할 필요가 있다.

4단계: 내재화한다

내재화를 위해서는 목표에 대한 정기적인 커뮤니케이션과 함께 코칭과 피드백이 반드시 뒤따라야 한다. 매주, 매월, 분기 미팅을 통해 점수판을 함께 보며 다음의 3가지 질문을 던질 필요가 있다.

첫째, 무엇이 잘됐으며, 그 이유는 무엇인가? 그 결과는 효과적이었는가? 둘째, 무엇이 기대와 달랐는가? 그 원인은 무엇이며 왜 비효과적이었는가? 셋째, 지표를 개선하기 위해 다음에 누가, 무엇을 할 것인가? 구체적 대책은 무엇인가?

코칭은 이 질문을 바탕으로 이뤄지며 이를 정리하면 다음과 같다.

- GAP은 무엇인가?

- 무엇이 효과적이었는가?

- 무엇이 비효과적이었는가?

- GAP을 해결하기 위해 무엇을 해야 하는가?

이 네 단계가 유기적으로 작동할 때 비로소 목표 관리가 제대로 이루어진다고 말할 수 있다. 목표 관리의 대표적인 도구로는 OKRObjectives and Key Results과 KPIKey Performance Indicators가 있다. 크리스 맥체스니 등의 《성과를 내고 싶으면 실행하라》도 4DXDisciplines of execution라는 훌륭한 목표 관리 방법을 제시한다. 조직과 기업의 상황에 따라 적절한 도구를 선택할 수 있지만, 무엇보다 중요한 것은 도구 그 자체가 아니라 초점이다.

많은 기업을 멘토링하며 반복해서 확인하게 되는 사실이 있다. 목표 관리의 핵심은 특정 도구를 도입하는 데 있지 않다는 점이다. 핵심은 '명확한 3가지 목표'를 제시하고, 그중에서도 '가장 중요한 하나의 목표'를 분명히 드러내는 데 있다. 대부분의 조직은 목표가 불분명하거나 지나치게 많다. 그 결과 구성원들은 조직이 어디로 가는지 모른 채 각자의 일을 열심히 한다. 그러나 그런 방식으로는 조직의 힘이 만들어지지 않는다. 이 점은 반드시 기억할 필요가 있다.

5

전략

"전략이 없는 것과 유연한 것은 다르다"

○

조직이 도달하고자 하는 가장 중요한 변화가 무엇인가에 대한 답이 목표라면, 전략은 그 변화를 만들기 위해 우리는 무엇에 집중해야 하는가에 대한 답이다. 다른 말로 하면 '우리는 어떻게 성공할 것인가'에 대한 답이기도 하다.

목표에서 가장 중요한 것이 초점이라 했듯이, 전략 또한 마찬가지다. 모든 것을 벌여놓는 것은 전략이 아니다. 선택과 집중이 필요하다. 물론 처음부터 선택과 집중을 하기는 어렵다. 초기에는 여러 가지를 벌여놓으며 어느 쪽으로 가야 할지를 탐색한 뒤, 이후 가장 효과적인 부분에 집중할 수 있다. 변화가 빠르고 복잡해지며 불확실성이 높아지는 시기에는 '전략' 또한 고정적일 수 없다.

그러나 분명한 것은 '전략이 없는 것'과 '유연한 것'은 다르다는 점이다. 전략은 당연히 유연해야 하지만, 그렇다고 해서 전략 자체가 없어도 된다는 뜻은 아니다. 전략은 반드시 존재해야 한다.

전략은 여러 단위에서 설정할 수 있다. 특정 사업의 마케팅 전략이 있을 수도 있고, 특정 사업 자체의 전략이 있을 수도 있으며, 회사 전체 차원의 전략이 있을 수도 있다. 만일 마케팅 전략을 수립하고자 한다면 대략 다음과 같은 질문들에 대한 답이 필요하다.

Q1. 우리 회사의 고객은?

Q2. 고객은 우리 제품과 서비스를 어떻게 알게 되었는가?

Q3. 우리 고객들은 어떤 메시지에 반응했는가?

Q4. 구매하며 기대하는 경험은?

Q5. 우리 잠재고객들이 모여 있는 곳은? 그곳을 어떻게 찾아가고 있는가? 아니면 그들이 오게 하는 공간을 만들고 있는가?

Q6. 그들이 결제 직전까지 비교하는 곳은?

Q7. 그들은 왜 우리 서비스를 반복해서 구매하는가?

Q8. 그들이 말하는 경험 속에서 반복되는 규칙은 무엇인가? 우리는 그

들의 어떤 문제를 해결해주고 있는가?

Q9. 지금은 공격 시기(수요 급증 시)인가? 방어 시기인가?

Q10. 지금 경쟁시장은 내게 유리한가? 불리한가? 내가 유리한 전쟁터에서 싸우고 있는가?

Q11. 어떤 활동이 가장 크게 이익으로 전환되는가? 가장 효과가 큰 매체는 어디인가?

사업 자체의 전략이 있을 수도 있으며, 회사 전체 차원의 전략이 있을 수도 있다. 사업 단위의 전략을 수립하기 위해서는 다음과 같은 질문에 답할 필요가 있다.

Q1. 해당 사업에서 어떻게 경쟁할 것인가? how to compete

Q2. 우리 사업은 무엇을 하는 사업인가?

Q3. 핵심 고객은 누구인가? 어떤 어려움을 해결하는가? 어떤 가치를 부여하는가?

Q4. 어떤 세그먼트에서 어떤 고객을 공략할까?

Q5. 차별화 전략, 원가우위 전략, 집중화 전략 가운데 무엇을 선택할 것인가? 그리고 비즈니스 모델과 수익 모델은 무엇인가?

스타트업 대표들을 만나며 느낀 점 하나는, 경영을 체계적으로 배우지 않은 이들일수록 '사업전략'과 '기업전략'의 차이를 명확히 인식하지 못하는 경우가 많다는 것이다. 대개 초기에는 한 가지 사업만으로 회사를 운영한다. 이 시기의 초점은 그 사업이 어떻게 성공할 것인가에 맞춰진다. 경쟁자들과의 싸움에서 어떻게 이길 것인가가 핵심 질문이 되며, 이런 맥락에서 사업전략은 경쟁전략이라고 부를 수 있다.

그러나 시간이 지나면서 기업은 하나의 사업이 아니라 여러 사업을 동시에 펼치게 된다. 이 단계에 이르면 기존과는 다른 차원의 전략이 필요하다.

Q1. 어떤 사업에 진출할 것인가?where to compete

Q2. 사업간 자원배분을 어떻게 할 것인가?

Q3. 철수, 인수합병, 다각화 등은 어떻게 할 것인가?

Q4. 자금 조달은 어떻게 할 것인가?

이러한 질문에 답하는 것이 '기업전략'이다. 이는 사업 프트폴리오 전략이라고도 할 수 있다. 전략을 논할 때 우리는 흔히 '무엇을 벌일 것인가'에 초점을 맞추지만, 실제로는 '가치를 지키는 일'이 더 중요하다. 무엇을 새로 할 것인가 만큼이나 무엇을 하지 않을 것인가를 결정하는 일이 전략의 핵심이기 때문이다.

이러한 관점에서 살펴보면 가지치기가 필요한 영역들은 다음과 같다.

1) 사업의 가지치기

- 성장이 멈췄고 이익을 내지 못하는 사업, 손실 사업 등이 대상이다.

- 시장 내 순위가 4위 미만인 사업은 과감히 접어라. 3~4위 사업의 경우 1~2위로 올라설 수 있는지 냉정하게 판단해야 한다.

- 핵심과 무관한 비관련 다각화는 정리한다.

2) 고객의 가지치기

- 이익을 내지 못하면서 조직의 에너지를 과도하게 소모시키는 고객을 정리한다.

3) 구매 조건의 가지치기

- 단가와 거래 조건을 재협상한다.

4) 조직의 가지치기

- 조직 내 긴장감과 효율을 회복하기 위해 구조 조정을 한다.

5) 자산의 가지치기

- 활용도가 낮거나 전략적 가치가 떨어지는 자산을 정리한다.

6) 비용의 가지치기

- 반드시 필요한 영역이 아니라면 비용 집행을 제한한다.

사업전략을 수립할 때 또 하나 유용한 도구는 사업의 성장 플라이휠을 그려보는 것이다. 잘되는 회사들은 예외 없이 이 성장 플라이휠이 원활하게 작동하고 있다. 각각의 요소가 서로를 밀어주며 선순환 구조를 만들어내기 때문이다.

예를 들면 다음과 같다.

- 우버: 더 많은 드라이버 더 빠른 배차 시간→고객 경험 개선→더 많은 승객→수요 증가→더 많은 드라이버
- 에어비앤비: 숙소 공급 증가→다양한 선택지→여행자 증가→호스트 수익 증가→더 많은 숙소 등록
- 세일즈포스: 레퍼런스 확보→고객 성공→신규고객 유입→매출 증가→제품 개선→더 강한 레퍼런스

사업의 성장 플라이휠을 그리기 위해서는 다음과 같은 사항들을 고려해야 한다.

1) 고객에게 제공하는 가장 본질적인 가치는 무엇인가?(신뢰, 속도, 편리, 비용 절감, 경험 등)

- 우버: 언제 어디서든 빠르고 저렴하게 이동할 수 있다.(편리성과 즉시성)
- 세일즈포스: CRM을 클라우드에서 빠르고 쉽게 사용한다.(비용 절감과 속도)

2) 성장엔진 도출(매출을 움직이는 동력): 매출이 성장하려면 어떤 요인들이 커져야 할까?(고객 수, 사용 빈도, 재구매율, 네트워크 등)

- 우버: 활성 드라이버 수와 평균 배차 시간 단축이 매출 성장을 좌우한다. 드라이버가 많을수록 배차가 빨라지고 고객 경험이 좋아지면서 승객이 증가하고, 매출 증가로 이어진다.
- 세일즈포스: 레퍼런스 확보와 고객 성공에 의해 좌우된다.

3) **인과관계 파악: A 증가→B 증가→A 강화 등 어떤 축이 돌아야 나머지가 가속화되는지 파악한다.**

- 우버: 드라이버 증가→배차 시간 단축→고객 만족→승객 증가→더 많은 수요→드라이버 추가 유입
- 세일즈포스: 레퍼런스 확보→고객 성공→시장 신뢰 상승→신규고객 증가→매출 증가→제품 고도화→더 많은 고객 성공→고객 확대

4) **선행 지표: 각 단계가 잘 작동하는지 확인할 수 있는 지표는 무엇인가?**

- 우버: 평균 배차 시간, 활성 드라이버 수, 활성 승객 수
- 세일즈포스: 확보 고객 수, 고객 성공 사례 횟수·케이스 스터디 수, 잠재고객 중 계약 비율

5) **검증: 한 번 돌기 시작하면 더 빨라지는 구조인가? 그리고 병목은 어디인가?**

- 우버
  - 구조: 드라이버가 많아지면→배차가 빨라지고→승객이 늘고→더 많은 드라이버가 유입된다→시간이 지날수록 플라이휠 속도가 빨라진다
  - 병목: 초기 드라이버 확보가 관건(인센티브 투자 필요)
- 세일즈포스
  - 구조: 레퍼런스를 확보하면→신뢰도가 올라가고→신규고객이 들어오고→제품이 개선되면서→다시 레퍼런스가 강해진다→사회적 증거 기반의 가속 루프

- 병목: 초기 강력한 레퍼런스 고객 확보가 관건

성장 플라이휠을 만들면 무엇이 가속화 요인이고 무엇이 병목인지 파악할 수 있다. 이를 기반으로 전략을 도출하는 것이 훨씬 유용하다.

6

조직 설계 및 관리

"조직이 바뀌지 않으면, 전략은 실행되지 않는다"

○

목표와 전략이 설정되면 다음 단계는 조직을 이에 맞게 얼라인하는 일이다. 기업을 멘토링하거나 자문하며 자주 놀라게 되는 지점 중 하나는, 많은 창업가가 목표와 전략, 그리고 조직을 서로 분리된 채로 움직이게 두고 있다는 사실이다. 목표와 전략은 그럴듯하게 세워놓았지만, 조직을 이에 연결하지 않아 결국 핵심 목표와 전략을 창업가 본인이 직접 감당하는 구조를 만들어놓는 경우가 적지 않다.

목표와 전략이 실제로 실행되기 위해 가장 필요한 것은 이에 걸맞은 조직을 설계하고 경확한 책임자를 배치하는 일이다. 다시 말해 '목표-전략-조직-리더'가 하나의 흐름으로 정렬돼야 비로소 효과적인 경영 시스템이 작동한다.

비전과 목표, 전략을 갖추고 있음에도 실행에 실패하는 이유는 대체로 다음과 같다.

1) **정렬 실패:** 비전과 전략은 있으나, 이것이 조직과 개인의 목표로 연결되지 않는 경우다. 각 부서는 제각각 움직이고, OKR과 KPI는 전략과 불일치하거나 후행 지표만 관리된다.

   예) CEO는 글로벌시장 진출을 이야기하는데, 팀은 내수 시장 KPI만 관리한다.

   예) 혁신을 전략으로 내세우지만 성과지표는 단기 매출 목표에 머문다.

2) **구조 설계 실패:** 조직 구조가 전략과 불일치하고, 역할과 권한이 모호한 상태다.

   예) 신사업 추진에 전략적 초점을 두고 있지만 신사업 조직이 약하고 권한이 없다.

   예) 빠른 고객 대응을 강조하면서도 작은 의사결정조차 본부장 승인 없이는 불가능하다.

3) **인력 배치 실패:** 전략을 실제로 이끌어가야 할 리더들이 준비되어 있지 않다.

   예) CEO는 방향을 제시하지만, 리더와 중간 리더들이 각자 개인 플레이에 머물러 있어 조직을 움직이지 못한다.

4) 문화와 규율 실패: 실행을 뒷받침할 규율이 없고, 책임감이 부재한 상태다.

예) 자율을 '아무도 간섭하지 않는 상태'로 오해해 각자 마음대로 행동하고, 리더의 지시나 피드백에 저항한다.

예) 회의는 많지만 아무도 의사결정을 하지 않는다.

예) 수평적 문화를 말하지만 실제로는 상명하복 구조에 가깝다.

결국 조직 관리를 한다는 것은 다음의 4가지 영역을 관리하는 일을 의미한다.

1) 목표와 전략: 회사의 목표와 전략에 얼라인되도록 조직의 목표와 전략, 실행 계획을 명확히 설정해야 한다.

2) 조직 구조와 프로세스: 목표와 전략이 실제로 실행될 수 있도록 이에 걸맞은 조직 구조를 설계하고, R&R을 명확히 해야 한다. 여기에는 의사결정 방식, 보고 체계, 협업 구조가 포함된다.

3) 인력 배치: 올바른 사람을 채용해 적합한 자리에 배치해야 한다. 맞지 않는 인력은 과감히 교체하고 동시에 구성원을 지속적으로 성장시켜야 한다.

4) 문화: 룰과 자율의 균형을 만들어야 한다.

- 조직의 룰(규율): 목표를 수치로 관리하고(OKR, KPI, 4DX), 정기적인 회의·리뷰·피드백을 운영하며, 일하는 기준을 분명히 세워야 한다.

- 자율: 심리적 안정감과 책임감이 동시에 작동하는 환경을 만들어야
  한다.

종종 사업 조직, 기능 조직, 매트릭스 조직 가운데 어떤 구조가 가장 효과적인지 묻는 질문을 받는다. 그러나 이에 대한 정답은 없다. 사업 조직은 속도와 책임성이 강화되지만 비용이 많이 들고 표준화에는 불리하다. 기능 조직은 낭비를 줄이고 지식 공유와 표준화에 유리하지만, 속도가 느리고 책임성이 약하다. 이 두 구조의 장점을 살리기 위해 매트릭스 조직을 선택하기도 하지만, 이중화돈 오너십과 보고 체계로 인해 조직 문화에 따라서는 오히려 더 비효율적이고 혼란스러워질 수 있다.

중요한 것은 경영자가 각 조직 구조가 지닌 장점과 한계를 정확히 이해하고, 해당 시점의 목표와 전략에 가장 부합하는 구조로 조직을 설계하는 일이다. 실제로 대기업조차 해마다 한 해는 조직을 묶고, 한 해는 조직을 나누는 작업을 반복한다. 그만큼 조직 구조의 유연성은 필연적이다.

다만 기준 없이 조직 구조를 자주 바꾸는 것은 구성원들에게 혼란을 주고 방향성을 잃게 만들 수 있다. 그래서 다시 강조하자면, 핵심은 언제나 목표와 전략과의 얼라인이다. 이 점이 구성원들에게도 명확히 이해될 수 있도록 충분한 설명이 필요하다.

또한 적합한 사람을 적합한 자리에 배치하는 일은 조직 관리에서 가장 중요한 요소 중 하나다. 여기서 '적합한 사람'이란 조직의 핵심 가치에 부합하는 사람을 의미한다. 그리고 '적합한 자리'란 해당 역할에 필요한 역량이 요구되는 자리를 뜻한다. 가장 이상적인 상태는 적합한 사람을 적합한 자리에 배치하는 경우다.

이와 달리 적합한 사람을 부적합한 자리에 배치하는 경우도 있다. 이는 핵심 가치는 공유하지만 역량에 맞지 않는 역할을 맡기는 상황이다. 또 부적합한 사람을 적합한 자리에 배치하는 경우도 있는데, 역량은 있으나 조직의 가치와 맞지 않는 사람을 배치하는 경우다.

현실적으로 항상 적합한 사람을 적합한 자리에 배치하기는 어렵다. 때로는 부적합함을 인지하면서도 단기적인 변화를 위해 특정 자리에 배치해야 하는 상황이 생기기도 한다. 그러나 분명한 것은, 경영자는 리더 개개인을 명확히 파악해야 하고, 리더는 구성원 개개인을 정확히 이해해야만 제대로 된 인력 배치가 가능하다는 점이다.

다음의 표에 제시된 항목을 중심으로 리더들의 적합도를 점검해볼 수 있다.

리더의 적합도 체크리스트

분류	체크리스트	리더 A	리더 B
핵심 가치 (적합한 사람)	핵심 가치 1		
	핵심 가치 2		
	핵심 가치 3		
직무 능력 (적합한 자리)	직무를 이해하는가?		
	직무를 원하는가?		
	직무를 수행할 역량이 있는가?		
	성과를 창출하는가?		

조직 구조와 인력 배치에 대해서는 다음과 같은 질문을 던져볼 필요가 있다.

- 현재의 조직 구조가 조직의 목표와 전략에 얼라인돼 있는가? 또한 우리를 다음 단계로 끌어올리기에 적합한가?
- 적합한 사람이 적합한 위치에 있는가?
- 전 직원이, 자신이 맡은 일을 충실히 수행할 수 있는 시간을 확보하고 있는가? 만약 120퍼센트의 시간이 요구되는 상황이라면, 위임이나 조직 확대가 적절히 이뤄지고 있는가?

조직 관리에서 또 하나 중요한 항목은 조직의 룰을 만드는 일이다. 사람들이 한 방향으로 움직이기 위해서는 반드시 룰이 필요하다. 간혹 스타트업 창업자들 가운데 대기업의 체계를 지나치게 부정적으로 인식하고, 글로벌 테크 기업의 영향을 받아 '규율 없음'을 이상적인 상태로 추구하는 경우도 있다. 그러나 극단적인 '규율 없음'은 극소수의 기업에서만 가능한 방식이라는 점을 기억해야 한다. 규율과 자율 사이에는 반드시 균형이 필요하다. 규율 없는 자율은 방종이 되고, 자율 없는 규율은 독재가 되기 때문이다.

다만 규율을 정할 때는 다음과 같은 절차를 거치는 것이 바람직하다.

1) 규율의 목적을 명확히 해야 한다: 규율은 성과 달성을 위한 '게임의 룰'이라는 점을 분명히 인식해야 한다.

2) 핵심 원칙을 도출해야 한다: 핵심 원칙은 회사의 가치와 전략에서 출발해야 한다.

   예) 우리는 고객 신뢰를 최우선으로 한다.

3) 반복되는 문제를 정리한다: 리더가 계속 지적하지 않아도 조직이 원활히 돌아가려면 어떤 습관이 필요한가? 반복적으로 발생하는 낭비와 충돌, 불신은 무엇인가? 이 질문들에 답하며 반복적인 잔소리를 정리한다.

4) 구체적인 행동 규칙으로 정의한다.

   예) 책임을 다한다(원칙)→약속 마감일을 어길 경우 사전에 공유한다(룰).

5) 합의 기반으로 설정해야 한다: 워크숍 형태로 팀원들의 합의를 이끌어내는 것이 중요하다.

- 우리 팀이 반드시 지켜야 할 약속은 무엇인지 정한다.
- 목표 진행 상황을 어떻게 투명하게 공유하고 피드백할 것인지 정한다.
- 피드백은 질문 중심으로 진행하고, 잘한 점을 인정한 뒤 개선점을 제시한다.

6) 회의록, 매뉴얼, 협업 툴 등을 고정해 언제든 확인할 수 있도록 가시화해야 한다.

7) 점검과 피드백 구조를 마련해야 한다. 룰이 지켜지지 않을 경우 자동으로 피드백이 이뤄지도록 시스템을 설계해야 한다.

조직의 룰은 다양한 영역에서 필요하지만 초기에는 회의, 보고, 커뮤니케이션, 고객 응대부터 시작하는 것이 현실적이다. 이후 목표 관리, 피드백, 채용과 온보딩, 평가와 보상, 각종 업무 관리 영역으로 점차 확장해나갈 수 있다.

7

운영 시스템

"성장은 시스템이 만들지만, 시스템도 병목이 된다"

○

이제 운영 시스템을 갖출 차례다. 운영 시스템에는 인사, 재무·회계, 생산, 구매·SCM, 법률, 리스크 관리, IT 등이 포함된다. 0→1 단계에서는 서비스와 상품을 만들고, 마케팅이나 영업을 통해 매출을 만들어내는 데 초점이 맞춰진다. 그러나 회사의 규모가 점차 커질수록 운영 시스템의 고도화가 요구된다.

아무리 열심히 수주하고 매출을 일으켜도 이를 제대로 공급하거나 조달하지 못한다면 어떻게 될까? 고객의 불만에 적절히 대응하지 못하거나, 품질 이슈를 제때 해결하지 못한다면 스케일업에 장애가 되는 것은 분명하다.

실제로 어떤 창업가는 숫자에 크게 신경 쓰지 않은 채 매출만 키우다가, 매출 규모는 크지만 이익이 나지 않는 구조를 그대로 방치하기도 한다. 또 다른 창업가는 채용이나 노무 관리를 제대로 하지 못해 예상치 못한 곤란을 겪기도 한다. 경영자는 모든 일을 직접 잘할 필요는 없다. 하지만 모든 영역을 다룰 수 있어야 하며 최소한 각 영역이 어떻게 돌아가는지는 이해하고 있어야 한다. 더 나아가 성장의 각 단계마다 무엇이 필요한지를 파악할 수 있어야 한다.

예를 들어 HR 시스템만 보더라도 조직의 성장 단계에 따라 요구되는 요소는 분명히 달라진다. 이를 살펴보면, 성장 단계별로 운영 시스템을 어떻게 준비해야 하는지가 보다 명확해진다.

성장 단계별 운영 시스템 준비

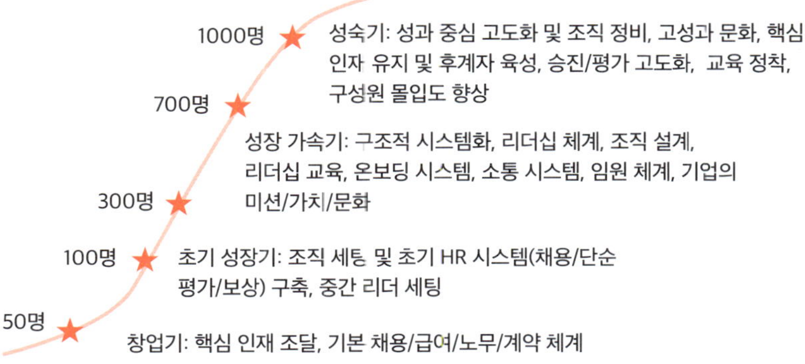

숫자 관리에 있어서는 다음과 같은 사항들을 기본적으로 점검할 수 있어야 한다.

- 매출, 비용, 이익, 재고, 현금흐름이 어떻게 관리되고 있는가?
- 사업별로 공헌이익이 제대로 계산되고 있는가?
- 사업별 비즈니스 모델과 수익 모델이 적절한가?
- 가치 상승Value up, 가격 인상Price up, 비용 절감Cost down 중 어디에 초점을 두고 있는가?
- 주요 지표들이 숫자로 매일 또는 매주 관리되고 있는가?

운영 시스템을 설계하기 위해서는 가치사슬Value Chain(고객에게 가치를 만들어내기 위해 수행하는 활동들을 공정/단계별로 분해해 각 단계가 가치와 비용을 어떻게 만들어내는지를 보여주는 분석 툴)을 먼저 그려보고, 이를 프로세스화하고 매뉴얼화하는 방식이 효과적이다. 운영 시스템은 스케일업 과정에서 핵심적인 요소다. 그러나 회사가 성장해가는 과정에서 이 부분이 방만해지지 않도록 각별한 주의가 필요하다. 항상 단순화할 방법, 효율화할 방법, 시스템화할 방법, 그리고 속도를 높일 방법을 함께 고민해야 한다. 그러지 않으면, 어느 순간 이러한 시스템이 오히려 발목을 잡고 성장의 병목이 될 수도 있다.

즉 초기 단계에서는 운영 시스템이 갖춰지지 않은 상태가 스케일업의 병목이 되지만, 시간이 지나면 잘못 설계되거나 과도하게 비대해진 운영 시스템 자체가 또 다른 스케일업의 병목이 될 수 있다는 의미다.

더 자세한 방법이 궁금하다면 권말의 '추천 도서'를 참고해 보자.

PART 3

사업의
본질

PART 3

1

우연한 성공은 있어도
우연한 실패는 없다

**"남의 성공 사례가 아닌
남의 실패 사례를 배워야 하는 이유"**

○

한 CEO가 이렇게 고민을 토로했다.

"저는 경영을 잘하기 위해 많은 성공한 CEO들의 책을 읽고 강연 듣기를 좋아합니다. 어떤 분은 극단적인 자율로, 어떤 분은 디테일하고 마이크로한 관리로 성공했다고 합니다. 어떤 분은 공동창업자와 공동경영으로 성공했다고 하고, 어떤 분은 일사불란한 지휘 체계가 성공 요인이라고 합니다. 어떤 분은 미션과 가치를 명확히 해서 성공했다고 하고 어떤 분은 오히려 미션에 얽매이기보다는 빠른 변신을 하는 것이 성공의 요인이라고 합니다. 어떤 분은 한 곳에 집중해서 성공했다 하시고 어떤 분은 다각화를 하라고 하십니다. 자극은 많이 받는데 말씀하시는 성공비결이 모순되는 경우도 적지 않고요, 구체적으로 우리 회사에 적용하려다 보면 안 맞는 경우가 더 많습니다. 또 좋은 말씀이긴 한데 너무 현실성 없는 경우도 있습니다.”

누군가의 성공비결을 맹신하지 말자

앞서도 말했지만 ‘성공비결’을 도출해낸다는 것은 너무 어렵고 사실상 불가능한 일이다. 왜냐하면 성공은 ‘전략×실행×운’으로 이루어지는데 어떤 특정 상황에서 어떤 전략이 어떤 실행이 어떤 운이 맞아떨어져 성공을 만들었는지 도출해내기는 매우 어렵기 때문이다. 성공한 이들이 ‘이것이 성공비결이었다’라고 말하는 것도 그대로 믿기 어렵다. 그것이 인과관계인지 상관관계인지, 진정 성공을 이끈 핵심 요인인지 사후 해석인지, 보편적인 요인인지 특정한 상황에만 해당하는 것인지 도무지 확인할 수 없기 때문이다.

예를 들어, 골프를 잘 치고 술을 좋아하는 CEO가 있다고 해보자. 사업은 그럭저럭 해나가고 있는데 골프를 치다가 지인

소개로 풀 대출을 받아 건물을 샀다. 이후 부동산 가격이 오르면서 엄청난 차익을 거두었다. 직원들에게 인색하고 폭언하며 괴롭히는 일도 잦아서 퇴사율이 높아 기업은 적자 상태였지만, 어쩌다가 서비스 하나가 큰 이슈가 되어 대박이 나고 큰돈을 벌었다. 그 돈으로 지인의 내부정보를 활용해 한 비상장사에 투자했는데 실적은 별로 없었지만 특례로 상장해 또다시 엄청난 시세 차익을 얻었다. 이 사례에서 무엇이 그의 성공비결이라 말할 수 있을까?

이렇게 정리할 수 있을 것이다.

- 골프를 잘 치고 잘 어울려야 성공한다.

- 초기 이익은 신경 쓰지 마라. 돈 아껴서 부자 안 된다. 공격적으로 베팅하고 레버리지leverage하라. 그래야 성공한다.

- 직원들은 나의 큰 뜻을 이해하지 못해 떠났을 뿐이다. 훌륭한 리더는 인기를 추구하지 않는다.

- 나는 무조건 성공하는 마케팅 비결을 발견했다. 내 비결을 배우면 당신도 일주일이면 성공할 수 있다.

- 본업에 집중할 필요가 없다. 본업 외에도 항상 투자처를 찾고 확장하라.

이런 멋진 말로 자신의 스토리를 다듬고 사후 해석을 통해 성공비결을 정리해 말할 것이다. 지금 말한 이 예화가 가상으로 지어낸 것이리라 생각할 수도 있다. 하지만 놀랍게도 이는 실제 있었던 사례다. 그러니 누군가 직접 경험했다며 성공비결이라고 말하는 것들이 얼마나 신뢰하기 어려운지 감이 왔을 터다.

본인이 직접 말하는 성공비결을 그대로 받아들이는 것은 위험하다. 특수한 경우를 일반화할 가능성이 높고, 사후편향, 윤색 등의 위험이 있기 때문이다. 물론 이 말은 누군가의 성공 사례를 무시하고 의심하며 모든 걸 시니컬하게 보라는 뜻은 아니다. 나도 성공한 이들이 펴낸 책을 많이 읽는다. 또한 그들의 통찰과 노하우를 배우려 한다. 성공한 이들이 던지는 메시지는 열정을 지피는 데 큰 도움이 된다. 단지 누군가가 말하는 성공비결이란 것을 무작정 맹신하거나 고민 없이 자기 회사에 그대로 적용해서는 안 된다는 뜻이다. 비판적으로 받아들이고, 선별해서 적용해야 함을 기억하자.

사업 성공의 비결을 조금 더 객관적으로 분석하려는 이들이 있다. 경영학 교수나 컨설턴트들이 여기에 속한다. 이들은 비교적 객관적 관점을 유지해서 보려 하는데 이 또한 쉽지는 않다. 변수가 많지 않은 협소한 영역의 문제해결Problem-Solving은 과학적 방법론이 통하지만 변수가 많은 영역의 문제해결에선 그렇지 않을 수 있기 때문이다. 특히 '성공하는 기업의 비결'처럼 복잡한 요소들이 뒤얽힌 문제는 로켓 사이언스Rocket science, 첨단과학 혹은 복잡하고 어려운 일보다 풀기 어렵다.

현실의 다양한 변수 속에서 특정 변수를 통제한 후 인과관계를 도출해내는 것이 쉽지 않기 때문이다. 최대한 변수를 통제하려 하지만 현재의 성과를 근거로, 그 과정과 원인을 해석하는 오류에 빠지기 쉽다. 즉 성과가 좋은 기업은 모든 과정과 실행이 성공 요인으로 해석될 위험이 크다는 뜻이다. 물론 성과가 곤두박질치면 동일한 실행도 반대로 해석된다.

예를 들어, 엔론 같은 기업은 파산 직전까지 많은 학자와 컨설팅 회사가 최고의 성공 사례로 다루었으며 언론은 찬사를 보냈다. 엔론의 사업방식, 전략, 리더십, 재무전략, 인사제도 모든 것이 베스트 프랙티스로 제시되었다. 그러나 회사가 파산하고 불세출의 경영자로 각광받던 제프리 스컬링Jeffrey Skilling이 감옥에 가자 그제야 대부분의 학자, 언론인, 컨설턴트들은 그 회사의 문제, 리더십의 문제점을 쏟아내었다. GE이나 IBM의 사례도 유사하다.

베스트셀러에서 다룬 성공 기업들이 다 망한 이유

맥킨지 출신 톰 피터스Tom Peters는 《초우량 기업의 조건》이라는 책으로 스타가 되며 단기간에 세계적 경영구루로 자리를 잡았다. 그는 성공 기업들에서 공통된 성공비결 8가지를 발견했다며 이를 정리했다. "철저하게 실행하라. 고객에게 밀착하라. 자율성과 기업가정신을 가져라. 사람을 통해 생산성을 높여라. 가치에 근거해 실천하라. 핵심 사업에 집중하라. 조직을 단순화하라. 엄격함과 온건함을 지녀라.”

이것이 그가 도출한 8가지 성공법칙이며 그의 책은 20세기 최고 경영서로 칭송받았고, 그는 경영 구루로 추앙받았다.

꽤나 그럴싸한 말이지만 가만히 들여다보면 딱히 과학적 근거가 있지도 않으며, 결국에는 아주 상식적인 이야기들이다. 더욱이 그가 초우량 기업이라고 칭했던 대부분의 회사는 몇 년 후 실적이 곤두박질치거나 망했다. 톰 피터스 또한 자신의 책이 과학적 연구 방법론에 의해 저술된 것이 아님을 고백했다.

그가 이런 법칙들을 정리해 제시함으로써 많은 경영자의 동기부여에 도움을 준 점까지 무시할 수는 없다. 그러한 기여는 분명 공로라 할 수 있다. 이후 짐 콜린스Jim Collins는 나름 과학적 방법론으로 무장해 톰 피터스의 뒤를 이어 성공 기업의 비결을 제시하는 책을 냈고, 역시 베스트셀러가 되었다. 그 책은 《좋은 기업을 넘어 위대한 기업으로》다.

나 역시 그 책을 읽고 감명받았고 독후감도 썼으며 비즈니스에 적용하려 애썼다. 물론 그것이 성공에 얼마나 영향을 미쳤는지는 잘 모르겠다. 기본기를 다지는 부분과 동기부여에는 꽤 도움이 되었다. 그러나 불행히도 이 책에 등장한 최고의 기업들 또한 이후 성과가 신통치 않은 걸 보면 그의 주장 또한 의구심을 자아내기에 충분하다.

그렇다고 해서 모든 성공 사례와 비결이 허황된 것은 아니다. 변수가 적고 좁은 영역일수록 성공 사례와 성공 요인은 통한다. 예를 들어 특정한 마케팅 비결, 영업 비결, 돈 관리 비결이나 소규모 비즈니스의 경우는 특히 그렇다. 전문직이나 스포츠 성공비결, 환경 변화가 거의 없는 비즈니스 등은 변수가 별로 많지 않은 영역이라 여기서 도출한 성공비결은 대체로 신뢰할 만하다.

그러나 새로운 비즈니스를 시도할수록, 직원 수가 많을수록, 경기에 민감할수록, 트렌드에 예민할수록, 회사 규모가 커질수록, 큰 모험과 변화를 시도할수록, 기간이 길수록 세간에서 말하는 성공비결은 효과를 발휘하기 어렵다. 여러 논문이나 책, 혹은 성공한 기업들이 제시하는 성공비결을 신뢰할 수 없다면 어떻게 해야 할까? 결국 여러 실험을 통해 자신의 기업에 적합한 비결을 찾아나가는 수밖에 없다.

진정 우리에게 교훈을 주는 것은 성공 사례가 아닌 실패 사례

그러면 다양한 경영의 이론과 성공 사례를 일절 찾아보거나 배울 필요가 없다는 뜻일까? 당연히 그렇지 않다. 꾸준히 찾아보고 배워야 한다. 단지 맹목적으로 믿거나 그대로 따라 하지 말라는 것이다. 그리고 더 중요한 것은 다른 기업의 성공에서

보다 실패에서 배울 게 더 많다는 점이다.

왜 실패가 중요한 것일까? 왜 실패에서 배워야 할까? 성공하는 데는 위에서 말한 것처럼 너무나 많은 변수가 작용하기 때문에 핵심 요인을 찾기 어렵다. 설령 찾아도 콘텍스트가 달라 적용하기 쉽지 않다. 그러나 실패는 비교적 그 원인이 명확하다. 개인에게도 이 교훈은 그대로 적용된다. 내게 고위 임원 승진 비결을 묻는 이들이 많은데 내 대답은 항상 "글쎄요."다. 승진 또한 실력만의 함수가 아니다. 관계, 운과 타이밍이 크게 좌우한다. 나 역시 훌륭한 성과를 내었음에도 승진이 서너 번 지연된 경험이 있다. 그러나 승진에 계속 실패하거나 아웃되는 이유는 대개 분명하다. 성과든 다면평가든 상사와의 관계든 정치력이든 리스크 관리든 어떤 영역이 눈에 띄게 낮으면 실패한다.

그러므로 남들의 실패를 분석해서 주요 요인을 찾고, 그것을 토대로 실패를 반복하지 않는 것이 기본적으로 중요하다. 우리가 경영을 배우는 이유는 '성공비결을 찾으려 하는 것'이 아니다. '성공 확률을 높이려는 것'이다. 성공 확률을 높이기 위해 실패의 요인을 찾아 피해서 가라.

내가 벤처 CEO를 할 때였는데, 한 CEO가 찾아왔다. 영업이익이 매년 수억 원 정도 나오는 회사였는데 어느새 망할 위험에 처해 있었다. 물어보니 수십억 원대의 매출채권이 걸려 있는 협력사가 도망을 가버린 탓에 돈을 받을 수 없는 상황이 되었다. 대금 지급을 몇 차례 미룬 것을 별일 아니라고 생각해서 받아주었는데 결국 돈을 받지 못하게 된 것이다. 그는 차근히 사업을 해왔지만 결국 그 한 건으로 부도가 났다. 그 이야기를 들은 후 나는 채권 회수 기간을 매주 챙기고 위험한 것들은 법적 대응을 사전에 하는 등 관리를 매우 타이트하게 했다. 덕분에 매출채권 회수 문제로 사업이 흔들리는 이슈는 없었다. 멋진 경영자들에게 들은 성공비결 강연보다 그 실패 사례 하나가 나의 경영에 훨씬 더 큰 도움이 되었다.

또 다른 예를 살펴보자. 한 회사의 스타트업 CEO가 있었다. 이익이 나지 않지만 그는 공격적인 마케팅으로 사업을 확장하려 했다. 투자에 대해 낙관적이었고 투자자들의 반응도 나쁘지 않았기에 6개월 정도 기간을 잡고 자금계획을 세웠다. 그러나 웬걸? 환경이 급변하면서 1년이 걸려도 투자 성사가 되지 않았다. 마이너스 통장에서 돈을 빼서 쓰고, 주변인들에게도 조금씩 빚을 내는 등 고통에 고통이 거듭되었다. 이런 일이 나한테 벌어지지 않으리란 법이 없다. 그러니 실패 사례를 탄면교사로 삼아서 투자유치에 걸리는 시간을 보수적으로 계산해 자금계획을 수립하는 게 도움이 된다.

나는 성공한 젊은 사람들, 성공한 창업가들, CEO들을 닳이 만나보았는데 상당히 잘나가다 어느 한순간에 무너진 이들이 의외로 많았다. 왜 그런 것일까? 대개 자신의 능력과 성공을 과신하고 남들의 실패에서 배우지 않았기 때문이다. 도전적으로 투자하며 달려 나가는 데만 집중하다 보니 위험관리에 소홀해진 것이다.

성공은 복잡한 변수들의 합이지만 실패는 다르다. 한 가지만 잘못돼도 망할 수 있다. 물론 모든 실패가 원인이 분명하다는 의미는 아니다. 여러 변수가 복합적으로 작용해 실패하는 경우도 적지 않다. 이런 경우에는 무엇이 실패 원인인지 정확히 알기 어렵다. 그러나 대체적으로 성공을 만드는 변수들보다 실패를 만드는 변수들의 수는 적고, 한두 가지의 큰 요인이 빠르게 실패를 낳는 경우 그 요인을 상대적으로 쉽게 파악할 수 있다는 의미다.

성공한 이들이 많은 것이 아니다, 그저 실패를 숨겼을 뿐

실패하게 만드는 지뢰들은 곳곳에 숨어 있다. 고객 관리에도 있고 계약에도 있고 자금 관리에도 있고 품질 관리에도 있다. 그 망하는 것만 피해도 사업의 지속 확률을 높일 수 있다. 《승자의 경영》이라는 책을 쓴 칸노 히로시Kanno Hiroshi는 조금 과장되기는 하지만 멋진 말을 했다. "우연한 성공은 있어도 우연한 실패는 없다."

그는 명확히 실패하는 패턴을 몇 가지로 정리했다. 첫째, 전략에 목적지와 논리가 없음. 둘째, 고객이 원하지 않는 가치 제공. 셋째, 숫자에 대한 이해 부족. 넷째, 리스크와 불확실성을 고려하지 않음. 다섯째, 실패 시 다시 일어날 체력을 남겨두지 않음. 그 외에도 유용한 내용이 많으니 탐독하면 도움이 될 것이다.

이는 꼭 경영에만 적용되는 것은 아니다. 나의 책《일의 격》에도 썼듯이 한 연구진은 메사추세츠병원 외과의 71명이 시행한 6,516건의 수술을 조사했다. 그리고 수술의 성공률을 높이는 요인이 무엇인지를 분석했다. 연구진은 이러한 연구를 통해 흥미로운 결과를 발견했다. 그것은 자신의 성공에 영향을 미치는 요소는 타인의 성공 경험이 아닌 타인의 '실패 경험'이라는 것이다. 흥미롭게도 타인의 성공 경험은 자신의 성공에 큰 영향을 미치지 않았다. 그러나 타인의 실패는 명확한 피드백이 되고 타산지석이 되었다.

문제는 실패 경험을 접하기 쉽지 않다는 점이다. 왜일까? 첫째, 사람들은 성공에 환호한다. 실패에 대한 콘텐츠는 잘 팔리지 않는다. 칙칙한 이야기를 듣고 싶어 하는 사람은 거의 없다. 둘째, 죽은 자는 말이 없다. 세상에는 주식과 부동산으로 돈 번 사람, 코인으로 돈 번 사람, 유튜브로 돈 번 사람, 사업으로 돈 번 사람만 가득한 것처럼 보인다. 실상은 성공한 사람보다 훨씬 더 많은 사람이 실패했으나 그들은 말이 없다. 실패를 드러내거나 말하고 싶어 하는 사람은 거의 없기 때문이다. 성공한 사람들이 제시하는 성공비결을 동일하게 실행했음에도 실패한 사람들이 많지만, 그러한 통계는 잘 잡히지 않기에 성공비결은 언제나 과대평가된다.

그러나 기억하시라. 단 한 번의 성공이 중요한 게 아니라 성공 확률을 지속적으로 높이는 게 중요하다는 것을 말이다. 그게 경영의 본질이다. 물론 실패만 제거한다고 성공하는 것은 아니다. 방어만 해서는 골을 넣을 수 없다. 지뢰를 제거하는 것은 중요하지만 지뢰만 제거한다고 전쟁에서 이기는 것은 아니기 때문이다. 전략을 수립하고 최선을 다해 실행하며 이에 대한 피드백을 통해 다시 수정하고 최선을 다하는 성공을 만드는 공격이 필요하다.

규모가 작을 때는 잃을 것이 별로 없기에 베팅을 크게 해도 괜찮다. 규모가 작을 때 몸을 사려서는 얻을 게 거의 없지만, 규모가 점점 커지면 '관리'라는 게 필요하다. 대부분의 스타트업 창업자들은 아무것도 없을 때부터 시작했기에 몸을 사리지 않는 게 익숙하다. 또한 관리를 '악'으로 취급하며 거부감을 갖기도 한다. 하지만 규모가 점점 커지면 패러다임이 바뀐다는 것을 기억하자. 스타트업들이 답답하게 여기는 대기업의 모습, 즉 관리하면서 덜 도전적으로 보이는 데는 나름의 이유가 있다. 대기업이 바보라서 그렇게 하는 것이 아님을 알아야 한다. 리스크를 막아주는 이런 장치들은 최소한 당신이 한 방에 훅 가는 위험은 잡아줄 것이다.

Core
Contents

- 우연한 성공, 이상한 성공은 많지만 우연한 실패, 이상한 실퍼는 거의 없다. 이는 기업뿐 아니라 개인에게도 적용된다.

- 자신이 이룬 한두 번의 성공에 우쭐하지 마라. 자신의 성공 요인을 멋대로 해석해 올인하고, 그것을 반복하지 마라. 경영은 한두 번의 도박이 아닌 지속가능성을 확인하는 게임이다.

- 좁고 변수가 적은 영역의 성공비결은 찾기 쉽지만 넓고 변수가 많은 영역인 경영에서는 성공비결을 찾기 어렵다. 특히 성공 요인을 재현할 확률이 매우 낮다.

- 실패하는 이유는 비교적 명확한 경우가 많다. 사업 규모가 작을 때는 잃을 것이 거의 없으니 실패에 대해 관심을 두지 않고 베팅을 크게 할 수 있다. 그러나 사업 규모가 커질수록 '관리'라는 것

을 해야 한다. 성공만 쫓아다니는 불나방이 되지 마라. 주위의 다른 사업가들, 경험자들의 실패 사례를 귀담아듣고 공부하라. 실패로 이끄는 지뢰를 제거할 시스템을 만들어라.

- "언제든 실패할 수 있음을 가정하고 실패하더라도 다시 일어설 수 있을 정도만 실패하라."는 팔친스키의 법칙을 기억하라. 사업가와 경영자에게 낙관과 자신감은 필수지만, 사업 규모가 커질수록 관리되지 않는 낙관과 자신감은 파멸로 가는 지름길이 될 수 있다. 심지어 100프로 확신이 들더라도 최종 생존을 위해 항상 자원을 남겨두어라. 유니클로 창업자 야나이 다다시Yanai Tadashi는 이렇게 말했다. "1승 9패도 좋다. 하지만 파산하지 않도록 해야 한다."

2

사업의 성공방정식은 무엇일까?

**"절대적이고 영원한
사업의 성공법칙은 없다는 것만이 진리다"**

○

한 CEO가 묻는다. "어떻게 해야 사업에 성공할 수 있을까요? 역사상 수많은 사업이 흥하고 망했다면 분명히 법칙이 있을 듯한데요." 솔직히 누가 이 법칙을 알겠는가. 그랬다면 세상에는 성공한 사람들로 가득할 것이다. 어쩌면 공식이 없는지도 모를 일이다. 혹은 성공공식이 있다 해도 변수가 너무 많아서 그것을 적용하는 과정이 쉽지 않을 테고, 기업들의 흥망은 계속될 것이다.

앞서 성공은 너무나 다양한 변수가 복합되어 있으므로 성공비결을 파악하는 것은 쉽지 않다고 말했다. 이에 반해 실패는 대개 단순한 변수로 나타나기 때문에 실패 사례를 잘 분석하면 크게 망할 위험에는 대응할 수 있을 것이라고 했다.

방어를 잘한다고 골을 넣을 수 있는 것은 아니다

그러나 이 말을 단순하게 받아들여선 안 된다. 실패 요소만 잘 대응한다고 해서 비즈니스의 성공이 이루어진다는 의미는 아니기 때문이다. 방어를 잘한다고 골을 넣을 수 있는 것은 아니다. 실패를 두려워하거나 실패에 대한 대응만 수립한다고 비즈니스가 성공할 수는 없다. 특히 잃을 것이 별로 없는 초기 단계에서는 너무 실패에 집중해 스터디할 필요는 없다. 실패에 대한 대응은 점점 규모가 확대되면서 잃을 것이 많아진 상태에서 특히 신경을 써야 한다는 말이다.

사업 규모가 커짐에 따라 자신감을 가지되, 남들의 실패를 잘 보고 반면교사로 삼을 필요가 있다. 그래야 비즈니스에서 성공의 확률을 높일 수 있다. 이때 자신감과 위험 대응 비율은 8 대 2나 7 대 3 정도면 괜찮을 듯하다. 전자가 9~10이면 한방에 갈 위험이 크고, 후자가 크면 대기업병에 걸릴 수 있으니 비율을 적절히 유지해야 한다.

이렇게 이야기하면 이런 질문을 던지는 이들이 있을 듯하다. 비즈니스에서 성공비결이란 없는 것일까? 남들의 성공비결을 이식하는 것은 불필요하다는 의미인가? 이는 사업과 경영을 하는 수많은 사람이 고민하고 생각해왔던 부분이다. 결론적으로 말하면, 그렇기도 하고 아니기도 하다. 찬찬히 내용을 살펴보자.

우선 협소한 영역이나 과학적 테스트가 가능한 영역에서의 확률을 높이는 성공비결은 있다. 예를 들어 '웹사이트에 상품들을 어떻게 배치해야 최상의 매출을 올릴 수 있을까?'라는 문제의 경우 가설을 세우고 실험해 더 높은 성공 확률을 찾는 것이 가능하다. 비즈니스 문제들 중 이러한 분석을 통해 더 나은 답을 찾을 수 있는 경우가 적지 않다. 특히 B2C 디지털 마케팅이나 SCM^{Supply Chain Management} 영역 등 과학적 실행이 엄청나게 자리 잡은 영역들에서는 감에 의존하거나 막무가내로 접근하는 이들은 승리하기 매우 어렵다.

반면 넓고 복잡한 영역의 성공비결을 찾는 것은 거의 불가능하다. 여전히 비즈니스의 큰 전략적 문제들은 엄청난 변수가 복합되어 있고, 과학적 실험을 하기 어렵다.

예를 들어 여러 기업 중 어떤 기업을 M&A하는 것이 최상인지 실험으로는 파악할 수 없다. 기껏 한다면 과거 M&A 사례나 경험을 통해 약간 더 나은 의사결정 방안을 찾을 수 있을 뿐이다. 당연히 '성공하는 기업의 공통비결'을 찾는 것이 불가능하다는 말이다.

앞서도 언급했듯 성공 기업이 실행했던 최상의 전략들을 이식한다고 해도 성공이 보장되지는 않는다. 넷플릭스가 '완전한 자율', '솔직함'으로 성공했다는 걸 알고는 많은 스타트업들이 넷플릭스를 따라 하려 했지만 성공한 기업은 손에 꼽을 정도였다.

왜 성공 기업의 전략을 따라 하는 것이 큰 효과가 없는 것일까? 여기에는 크게 2가지 문제가 있다. 하나는 실행이란 그 기업의 '콘텍스트'에서 최상인 경우가 대부분이기 때문이다. 세계에서 제일 똑똑하고 높은 급여를 받는 사람들이 들어오는 회사의 실행이 그저 그런 급여를 주는 우리 회사에도 맞을 것이라고 생각하는 것은 순진한 생각이다. 많은 회사가 토요타의 시스템을 이식하려 했지만 실패했다. 왜냐하면 토요타의 시스템은 그 회사가 오랫동안 축적한 문화와 바인딩되어 있었기 때문이다.

다른 하나는 인과관계가 명확하지 않다는 점이다. 우리는 최상의 실행이 성공을 이끌었다고 생각하지만, 실제로는 성공한 기업이기 때문에 그런 실행이 가능했던 경우가 더 많다. 퇴사율이 적은 기업이 성공하는 게 아니라 성공했기에 퇴사율이 적을 가능성이 높다는 의미다. 그러므로 성공적인 실행의 사례를 찾아다니는 것은 약간의 성공 가능성을 높여줄 수는 있어도 기업을 도약하게 만들지는 못한다.

공식은 명확해 보여도 비결을 찾는 건 불가능하다

런던대학의 닉볼룸과 쇼는 모범 실행이 기업의 실적 변동에 미치는 영향은 10퍼센트밖에 되지 않는다고 밝혔다. 이에 대해 더 알고 싶다면 필 로젠츠바이크Phil Rosenzwieg의 《헤일로 이펙트》를 읽어보면 도움이 된다. 버클리경영대학의 베리 스토 교수 등은 품질 관리 기법, 권한이양 등 다양한 경영 기법들이 기업의 성과에 얼마나 영향을 미치는지 연구했다. 결과는 별 차이가 없었다. 그런데 흥미롭게도 새로운 경영 기법을 도입한 경우 CEO의 연봉은 상승했다. 결국 현란한 경영 기법들은 기업의 성과 창출에는 그다지 도움이 되지 않지만 CEO 개인의 쇼잉에는 도움이 된다는 것이다.

그러면 기업가와 경영자가 핵심적으로 신경 써야 할 것은 무엇일까? 경영학자뿐 아니라 현장에 있는 사업가, 경영자들도 다음과 같은 성공방정식에 대해서는 큰 이견이 없을 것이다.

성공＝전략×실행×운

로젠츠바이크는 이렇게 말했다. "전략은 위험하고 실행은 불확실하다. 여기에 통제할 수 없는 '운'까지 들어갔으니 공식은 명확해 보이지만 비결을 찾기는 불가능하다. 단지, 우리는 조금이라도 확률을 높이려는 시도를 할 수 있을 뿐이다." 비즈니스 세계는 절대적인 성과를 추구하는 곳이 아니다. 구루들은 경쟁과 비교를 멈추고 자신과 싸우라고 하지만 이는 경영 현장을 모르는 공자님 말씀에 불과하다. 경쟁이 없는 비즈니스란 없다. 독점을 하더라도 오래가지 못한다. 비즈니스는 상대적 성과에 의해 결정된다. 전략이 중요한 이유가 여기에 있다.

그러나 불행히도 '전략'은 수식처럼 명확히 도출되는 것이 아니다. 사실상 수식처럼 도출된다면 전략이라고 할 수도 없으리라. 모든 기업이 똑같이 행동할 수밖에 없을 테니 말이다. 그럼에도 다행인 점이 있다. 성공을 달성할 수 있는 전략은 하나가 아니라 다양하다는 점이다.

전략에는 '딜레마'가 있다. 남들과 차별화하라고 하지만 심한 차별화로 너무 달라도 실패한다. 극심한 차별화로 망한 대표적 사례가 여객기 콩코드다. 초음속 비행기인 콩코드는 런던에서 뉴욕까지 세 시간이 채 걸리지 않는 빠른 속도를 자랑했다. 그러나 극심한 소음, 배기가스, 연료 비효율 등의 문제가 있었고 사고가 연이어 터지며 악재가 겹쳐 결국 망하고 말았다.

그러면 남들과 비슷하게 하면 될까? 남들 하는 대로 하면 큰 리스크 없이 안전할 것 같지만 경쟁력이 없다. 트렌드에 맞춰야 한다지만 너무 빨라도 실패하고 너무 늦어도 실패한다. 내 경험상 대기업의 신사업은 대개 늦어서가 아니라 너무 빨라서 실패했다. 안전만 추구하는 전략은 서서히 망하고, 모험을 추구하는 전략은 갑자기 망한다. 방향을 잡기도 어렵지만 타이밍은 더 어렵다. 이러한 딜레마들 속에서 끊임없는 선택을 통해 성공으로 나아가야 한다.

그래서 자기 회사의 업종이 무엇이며 시장이 어떠한지를 잘 알아야 한다. 변화에 민감하지 않아 안정적이고 소비자의 취향 변화가 크지 않은 업종은 점진적인 전략을 선택하는 것이 나을 수 있다. 반면 기술과 소비자의 취향 변화가 급격한 곳은 도박성 전략이 필요할 수 있다. 결국 경영자는 자신의 업종, 고객의 상황, 변화의 속도 등 수많은 변수 속에서 적절한 전략을 선택해야 한다.

어떤 전략도 절대적으로 성공을 보장할 수는 없다

앞서도 말했듯 CEO들의 성공 스토리나 경영 베스트셀러들에 나오는 깔끔하고 논리적인 전략들 대부분은 대개 사후 해석에 불과하다. 현실에서는 마이크 타이슨의 명언이 더 적합하다. "얼굴에 펀치를 가격당하기 전까지는 모든 사람은 계획이 있다."

나 또한 다양한 전략적 성공과 실패를 경험해왔다. CEO로 일할 때였는데 고객들은 단일한 솔루션을 도입했지만 이를 연결해서 최상의 결과를 내는 데 힘들어하고 있었다. 솔루션을

'통합'하고 연결해서 결과를 만들어주는 신규 비즈니스 전략을 구상했고, 이를 이행하는 사업 조직을 업계 최초로 만들었다. 이를 통해 회사가 2배 이상 성장하는 경험을 했다.

또 다른 성공 경험도 있다. 기존 사업이 레거시 사업이라는 판단하에 회사에서 더 이상 투자하지 않는 상황이었다. 그러나 내가 보기에 그 사업을 재해석하면 분명 기회가 있을 듯했다. 그래서 그 사업을 레거시 인프라 사업이 아닌 라스트마일 서비스 사업으로 재해석했고, 그 결과 사업의 턴어라운드를 만들어냈다.

반면 타이밍이 안 맞아 실패한 경우도 있었다. 글로벌로 새롭게 성장하는 솔루션이 있었다. 한국에서도 분명 이러한 시장이 만들어질 것임을 예측해 큰 투자를 해 독점 총판 계약을 맺고 인력과 자본을 투자했다. 그러나 수년간 적자 상태에 머물렀다. 다행히 사업을 포기하지 않고 버티고 있었는데, 내가 퇴사한 후에야 성과가 나왔다. 해당 사업부장에게 "이제 드디어 사업이 됩니다. 감사합니다."라는 말을 전해 들었다. 타이밍상 내가 생각한 것보다 뒤늦게 성공이 찾아온 케이스다.

초기에 사업가들은 이 전략을 매우 쉽게 본다. 왜냐하면 운이 좋게 첫 번째 성공을 이룬 경우가 많기 때문이다. 운은 모든 것을 이긴다. 운은 초점도 방향성도 없는 전략으로도 성공을 이끈다. 그러나 조직이 커지고, 새로운 전환을 하면서 트렌드가 사라지면 이러한 운도 그 힘을 잃어간다. 바로 그때야말로 전략이 중요해지는 시기다.

　다행인 것은 학창 시절 배웠던 수학 문제와 달리 전략은 하나의 정답만 있는 것은 아니라는 점이다. 칸노 히로시는 의류업을 하는 유니클로와 자라를 예시로 들어 설명했다. 두 기업 모두 성공했으나 두 기업의 전략은 판이하다. 유니클로는 질리지 않는 좋은 품질의 옷을 저렴한 가격으로 전 세계에 제공하는 전략을 썼다. 반면 자라는 트렌디한 옷을 빠르고 저렴한 가격으로 제공하는 전략을 썼다. 자라는 '속도'에 포커싱했고, 유니클로는 '적정한 품질'에 포커싱했다.

　이처럼 지향점이 다르기에 세부 전략도 달라진다. 아웃소싱할지 인소싱할지도 이 지향점에 얼라인된다. 많은 기업의 전략이 조잡한 이유는 지향점이 불명확하기 때문이다. 도대체 뭘 추구하고 뭘 축적하려는지 알 수가 없다. 지향점이 불명확하니 전략이 있을 수 없고, 시장에 제대로 소구하지 못하는 것이다. 이걸 두고 유연하다거나 애자일 전략이라는 식으로 말해서는 안 된다. 그냥 전략이 없는 것이다. 이런 경우에는 어쩌다 운이 좋으면 성공하고 운이 나쁘면 실패한다.

　결론적으로 말해 전략은 딱 떨어지는 공식은 아니다. 어떤 전략도 성공을 보장하지 않으며, 완벽하게 정답인 성공공식은 없다. 그렇다고 해서 무한히 예술을 즐기듯 내키는 대로 해서는 안 된다. 그런 무전략, 무대책으로는 실패할 가능성이 더 높아진다. 어떤 전략가라 해도 매번 자기 방식이 성공한다고 자신할 수 없다. 그렇다면 그는 사기꾼이거나 초심자일 것이다. 겸허한 마음으로 자신과 세상을 보고, 이론과 경험을 통합해 거기서 통찰을 끌어내야 한다. 그리고 성공 확률이 조금 더 높은 전략을 채택해나가는 것이 최선이다. 이것이 사업가와 경영자가 해야 할 고독한 결단이며, 그들에게 필요한 능력이다.

전략이 중요한가, 실행이 중요한가

다음에는 '실행'이다. '전략이 중요한가, 실행이 중요한가?'라는 질문은 사실 무의미하다. 당연히 둘 다 중요하다. 단지 실행하는 데는 소요 기간과 노력이 전략을 짤 때보다 최소한 10배는 더 많이 들기에 그만큼 어렵다. 실행은 매우 지루한 축적 활동이지만, 그렇기에 더 빛이 나기도 한다. 실행을 위해서는 어떤 것들이 필요할까?

첫째, 목표를 세워야 한다. 목표는 전략과 얼라인되어 있다. 둘째, 구성원들이 엄청나게 열심히 실행해야 한다. 셋째, 실험, 즉 측정과 피드백을 통해 최적점을 계속 탐구해나가야 한다. 넷째, 빠르고 순발력 있어야 한다. 그러나 이 또한 업종별로 가중치가 달라질 수 있다. 경영의 어려운 점 중 하나는 그때그때 달라진다는 점이다. 업종과 시장 상황에 따라 매우 달라진다.

전통기업들이나 대기업들은 대개 큰 전략적 판단하에 대

형 투자를 하기에 순발력을 발휘하기가 쉽지 않다. 이에 전략이 기업의 흥망성쇠에 더 영향을 미친다. 대기업들은 M&A나 대규모 포트폴리오 재조정이나 대규모 신규 설비투자 등 한두 방의 전략적 의사결정으로 넘사벽이 되기도 하고 무너지기도 한다.

반면 고객이 요구하는 것이 자주 바뀌거나 기술 변화가 심한 업종이나 스타트업에서는 사실상 실행이 모든 것일 수 있다. 실행을 통해 초기 설정한 목표와 전략마저도 변화시킬 수 있다. 또한 디지털을 기반으로 다양한 실험이 가능하므로 실행의 속도가 조직의 흥망성쇠를 가르는 경우가 많다. 업종에 따라 속도와 중요성은 다를지라도 성공 확률을 높이는 방법은 그리 다르지 않으며, 다음과 같다.

- 자기 기업의 지향점과 연결된 전략을 선택한다.
- 최선을 다한다. 구성원들이 다들 꾸준히 노력한다. 실험하고 시도해보고, 우리 기업에 무엇이 더 효과적인지 알아내고, 적용하는 문화를 만들어나간다.
- 자신이 속한 업종, 자기 기업의 콘텍스트, 그리고 발전 단계에 따라 적합한 최상의 전략과 실행은 완전히 달라질 수 있음을 이해한다. 그러므로 과거에 통했던 것 혹은 다른 곳에서 통했던 것이 지금의 자신에게는 통하지 않을 수 있다.

결국 원론적으로 똑똑한 리더를 중심으로 다들 열심히 하면
서, 기업의 스테이지와 콘텍스트가 달라짐에 따라 리더와 경
영팀 또한 진화해야 한다. 그러나 현시점에서 아무리 훌륭한
전략을 선택하고 최선의 실행을 할지라도 기업은 결국 다음의
상황에 직면하게 된다.

- 더 나은 선택이 있을 뿐 절대적 성공을 보장하지 않는다.
- 결국에는 S곡선에서 벗어나지 못한다. 즉 초기 단계와 성장기 단계
  를 지나면 결국 모든 기업은 성숙기로 접어들게 된다. 나이를 이기는
  미인과 호걸이 없듯이 기업도 마찬가지다. 결국 누구나 늙고 죽는다.
- 생각지도 못한 기업이 당신의 기업을 파괴할 수 있다. 자신을 파괴하
  는 것은 늘 지켜보던 경쟁기업이 아니다. 생각지도 못했던 기업이 새
  로운 혁신으로 당신을 파괴한다.

엔트로피 법칙은 세상의 원리다. 시간 차가 있을 뿐 모든 것
은 쇠락한다. 흥미롭게도 당신이 답답하고 고루하게 여기는
기업일수록 오래간다는 것을 기억하라. 패셔너블한 기업은 오
래 지속되지 않는다. 이는 역사가 증명한 사실이다. 또한 아무
리 훌륭한 기업가나 경영자도 성공을 지속하기 어렵다. 이런
사실을 알기에 노련한 사람일수록 자신감 뒤에 항상 두려움이
있으며 겸허하다.

그러나 만물이 쇠락하는 엔트로피의 법칙 속에서도 인간은

생존을 지속하고 발전하고 있다. 진화와 상상력은 이전 세대가 모두 죽어도 인류를 지속시킬 뿐만 아니라 선대의 어깨 위에서 진보를 만든다. 기업들도 다르지 않다. 개별 기업은 아무리 머리를 쥐어 짜내도 결국 늙고 죽게 마련이지만, 그 어깨 위에서 새로운 혁신은 지속될 것이다.

3

상품과 서비스를 파는 것이
사업은 아니다

**"사업은 상품과 서비스를 파는 것이 아니라
사업 그 자체를 파는 것이다"**

○

'사업이란 무엇일까?'에 대해 먼저 생각해보자. 여기저기 자료를 뒤져보았더니 '사업이란 매출과 이익을 창출하기 위해 제품이나 서비스를 개발하고 판매하는 활동'이라고 정의하는 것이 보편적이었다. 실제로 창업가 또는 기업의 경영자 모두 사업을 맡게 되면 제일 먼저 생각하는 것이 '제품과 서비스'다. 나 또한 그러했다. 제품, 서비스, 콘텐츠가 사업의 본질이며 핵심이라 생각했다. 그래서 좋은 제품, 좋은 서비스, 좋은 콘텐츠

만 있으면 사업이 자동적으로 번성하고 승승장구할 것이라 여
겼다.

상품과 서비스에 갇히지 마라

정말 그럴까? 세일즈맨이나 마케터라면 이러한 관점을 갖
는 것이 나쁘지 않다. 하지만 경영자가 가져야 할 관점은 아니
다. 예전에 나는 공동창업을 통해 컨설팅 사업을 책임진 적이
있었다. 당시 우리는 트렌드에 적합하고 차별화된 컨설팅 프
로그램을 만들어냈다. 경쟁사도 프로그램이 있긴 했지만 우리
의 제안이 훨씬 매력적이었다.

제안 발표만 하면 이기는 것은 당연했고 바로 수주가 가능
한 상황이었다. 특히 레퍼런스가 될 만한 주요 금융사들을 공
략해서 수주를 따내기 시작했다. 고객들은 대부분 우리와 같
이 일하고 싶어 했다. 그러나 불행히도 그 당시 우리는 프로젝
트를 더 맡아서 진행할 만한 인력이 부족했다. 이런 이유로 안
타깝게도 고객들의 제안을 거절할 수밖에 없었다. 고객의 제
안을 자꾸 거절하는 회사가 성장할 수 있을까?

우리가 거절을 하다 보니 반대급부로 경쟁사들이 하나둘 사
업을 확보하기 시작했다. 결국 우리는 좋은 프로그램을 가지
고도 사업을 확장하지 못했다. 우리가 가진 자원의 한계 내에

서밖에 성장할 수 없었던 것이다. 그러다 보니 시장을 완전히 장악할 기회를 놓쳤다. 내가 겪은 일 중 가장 안타까운 동시에 가장 크게 깨달은 교훈 중 하나다.

내가 아는 한 CEO는 매우 차별화된 제품을 만들었다. 제품도 좋고 CEO의 마케팅 기술과 역량도 뛰어났기에 그의 제품은 소비자들에게 환호를 받았다. 순식간에 매출이 수십억으로 증가했다. 주문은 쇄도하고 매출은 나날이 성장하고 있었으며 직원들도 계속 채용해 인력을 늘렸다. 그러나 이익은 나지 않았다.

CEO는 매출이 커지면 이익은 자동적으로 높아질 것이라 생각하고 있었지만 현실은 달랐다. 제품을 열심히 팔기는 했지만, 제품 생산 현장은 주먹구구식으로 돌아가고 있었다. 원재료의 원가관리, 재고관리, 생산관리가 제대로 되지 않았다. 비용관리와 이익관리도 잘 안 된 상태였는데 외부 환경이 나빠지면서 자금조달도 막히게 되었다. 제품도 좋고 마케팅도 훌륭했지만 성장의 한계에 직면할 수밖에 없었다.

또 다른 예를 보자. 한 유명한 B2C 플랫폼 기업이 훌륭한 디지털 플랫폼을 개발했다. 이를 B2B로 확산하고자 했고, B2B 경험이 많은 영업자들을 채용했다. 그리고 B2B 고객사에 가서 이 플랫폼에 대해 설명했다. 모두 환영했고 그 플랫폼을 회사에 도입하고 싶어 했다.

그러나 고객 기업에서는 그 플랫폼을 그대로 쓸 수 없다고 판단하고, 자신들의 기업 환경에 맞춰 이행하는 프로젝트를 원했다. B2C 기업의 개발 및 기술직원들은 고객사에서 프로젝트를 수행한다는 마인드가 없었다. 고객사에 가서 프로젝트를 수행하고자 하는 인력도 이를 추진할 수 있는 방법론도 갖고 있지 않았다. 매스Mass 고객처럼 완전한 SaaS 형태로 고객사가 사용하기를 원했다. 그러나 고객들은 이를 받아들이지 못했다.

반면 B2B에 익숙한 또 다른 대기업은 반제품 형태로 제품을 만들었다. B2C 기업의 플랫폼에 비해 성능이나 기능은 좀 약했지만 이를 기반으로 효율적으로 프로젝트를 수행할 수 있는 경험과 기술도 보유한 상태였다. 고객사들 가까이에서 유지 관리할 수 있는 체계 또한 있었기에 문제가 생겼을 때 빠르게 대응할 수 있었다. 결국, B2C 기업의 B2B 진출은 매우 제한될 수밖에 없었고 시장은 B2B 기업이 장악하고 말았다.

사업 구조와 프로세스를 포함해야 경쟁력이 생긴다

《사업의 철학》을 쓴 마이클 거버Michael Gerber는 통찰 가득한 메시지를 던진다. "사업의 진짜 상품은 물건이 아니다. 사업 그 자체다. 사업은 사업 자체를 파는 것이다. 제품이나 서비스가 아니라 시스템을 파는 것이다." 사업은 사업체를 파는 거라고? 이게 웬 말장난인가 싶을지도 모르겠다. 얼핏 보면 "물은 물이요, 산은 산이로다." 하는 말처럼 들린다. 그러나 단언컨대 당신이나 당신의 사업주가 이 말을 이해하지 못한다면, 어떤 사업이든 초보에 머물 수밖에 없다. 그리고 다들 죽도록 고생만 하고 헉헉대면서 근근이 살아가게 될 것이다. 사업을 제대로 성장시키기 어려울뿐더러 무엇보다 중요한 지속 가능이 어려울 것이다.

동일한 제품, 서비스, 콘텐츠를 어떤 회사는 보통 연봉의 인력들을 활용해서 한 시간 만에 만들어낸다. 반면 다른 회사는 매우 비싼 연봉의 인력들을 활용하면서도 하루 종일이 걸린다면 그 경쟁력과 성장 속도의 차이는 자명하다. 동일한 제품, 서비스, 콘텐츠를 어떤 회사는 갑자기 2배의 수요가 와도 감당할 수 있는데, 어떤 회사는 이를 감당할 수 없다면 어떨까? 경쟁력과 성장 속도에서 상당한 차이가 나타날 수밖에 없다.

사업의 진짜 경쟁력은 상품과 서비스만이 아니다. 이를 뒷받침하는 사업 구조와 프로세스를 포함해야 한다. "사업은 물건을 파는 것이 아니다. 사업 자체를 파는 것이다." 이것만 명확히 인지하고 있어도 성장의 단초를 잡을 수 있다.

4

무엇을 팔지 묻지 말고,
왜 사는지 물어라

**"컨설팅 회사는 면피를 팔고
화장품 회사는 희망을 팔며 명품 회사는 허세를 판다"**

○

사업은 다양한 관점으로 볼 수 있다. 상품과 서비스를 제공하는 사업자의 관점에서도 볼 수 있고, 상품과 서비스를 제공받는 고객의 관점에서도 볼 수 있다. 각각의 관점에서 사업이란 무엇일까?

먼저 상품과 서비스를 제공하는 사업자 관점에서 사업이란 무엇인지 알아봐야 한다. 사업이란 상품과 서비스를 파는 것이 아니라 사업 시스템 전체를 파는 것이다. 눈에 보이는 것은 상품과 서비스지만 그 뒤에 상품과 서비스를 창출하기 위한 비즈니스 시스템이 숨어 있기 때문이다. 이 시스템에 따라 사업자의 경쟁력은 완전히 달라진다.

사업이란 상품과 서비스가 아닌 사업 시스템을 파는 것

이 시스템이 단단한 사업자는 훨씬 낮은 비용으로 고품질의 상품과 서비스를 제공할 수 있다. 그뿐인가. 고객의 요구에 유연하게 대응한다. 그러나 이 시스템이 허약한 사업자는 비록 유사해 보이는 제품과 서비스를 제공할지라도 훨씬 더 높은 원가, 낮은 품질, 유연성이 결여된 대응을 하게 된다. 따라서 차별화와 성장은 한계를 보일 수밖에 없다. 사업 시스템이 잘 정립되고 유연하며, 이후 데이터와 경험이 계속 축적되어 학습이 이루어지고 진화한다면 이는 사업자의 커다란 경쟁 무기가 된다.

이런 질문을 해볼 수 있다. 고객의 관점에서 사업은 무엇일까? 고객은 사업 제공자가 어떤 시스템으로 일하는지에 관심이 없다. 고객의 일차 관심은 상품과 서비스다. 그러나 이것보다 훨씬 더 중요한 것이 있다. 그것은 고객이 얻을 수 있는 최종 가치다. 얼핏 보기에는 고객이 상품과 서비스를 사는 것처럼 보이지만 실제로는 그렇지 않다. 고객은 상품과 서비스를 구매함으로써 얻을 수 있는 결과를 사는 것이다. 그러므로 경영자는 고객의 관점에서 사업을 재정의해야 한다. 고객의 관점에서 본다면 '사업은 상품과 서비스를 파는 것이 아니라, 그것을 통해 얻는 결과(가치)'를 파는 것이다.

이를 이해하는 사업가나 경영자와 그렇지 못한 사업가나 경영자 사이에는 분명한 차이가 존재한다. 같은 전략과 자원을 가지고도 결과가 달라지는 이유가 여기에 있다. 사실 이런 관점은 B2C 마케팅 전문가들에게는 비교적 익숙하다. 그러나 이는 B2B에도 동일하게 적용된다. 나는 주로 B2B 사업을 해왔다. B2B 사업은 광고나 브랜딩보다 고객을 직접 만나 영업하고 제안하며 신뢰를 쌓아 최종적으로 구매를 이끌어내는 활동이 핵심이다. 결국 사람을 이해하고 관계를 설계하는 일이 성패를 가른다.

한 기업으로 이동해서 새롭게 컨설팅 사업을 맡았을 때였다. 그 당시 그 기업의 규모는 업계 5~6위 수준이었다. 그러나 구성원들의 역량이 뛰어났고 고객에 대한 이해도도 높았다. 개인적으로 나 역시도 해당 서비스에 대한 전문성을 지니고 있었던 터라 개인 브랜드가 매우 높았다. 웬만한 고객들은 나를 알고 있을 정도였다.

그 당시 가장 큰 시장은 금융시장이었고, 우리 팀은 은행들에 제안을 하기 시작했다. 고객을 철저히 분석하고 이들을 만족시킬 만한 제안을 준비했다. 제안 시 고객사 심사위원들은 모두 만족해했다. 관심이 높았고 질문도 많이 했으며 대부분 "우선 협상자로 선정되면 언제부터 일하실 수 있습니까?"라고 물었다. 발표 후 우리가 될 거라고 확신했다. 그러나 항상 2등으로 떨어졌다.

이런 결과가 한 회사에서만 일어난 게 아니라 연속해서 동일한 현상이 발생했다. 우리는 뛰어난 제안을 했고 고객 심사위원들 모두 환영했지만 항상 2등으로 떨어진 것이다. 고민하다가 개인적으로 알고 있는 한 기업의 담당자에게 이유를 물어보았다. 그의 답은 이러했다.

"본부장님의 제안은 최고였습니다. 저희도 이 분야에서 본부장님의 실력이 최고라는 것을 알고 있고요."

"그런데 왜 저희가 떨어졌나요?"

"네, 말씀드리기 좀 어렵네요. 사실 본부장님 회사에 레퍼런스가 없어서요. 금융권의 레퍼런스가 없으니 저희가 윗선에 보고할 때 이 회사와 거래하겠다고 주장하기가 어렵습니다."

우리는 이 회사들이 훌륭한 체계를 만들기 위해 컨설팅을 받는다고 생각했다. 그래서 이 일을 가장 잘할 수 있는 실력과 방법론을 제시하면 될 것으로 여겼다. 그러나 그것은 우리의 생각이었다. 고객이 왜 외부 컨설팅 업체를 쓰려 했는지 그들 입장에서 생각하지 못한 것이다. 그들은 왜 외부 컨설팅 업체를 쓰려 했을까? 물론 베스트 프랙틱스를 찾아 자신의 기업에 적용하려는 이유도 있었다. 하지만 더 중요한 것은 '경영층 설득’과 ‘면피’였다.

부서의 투자 확보를 위해서 경영층을 설득할 필요가 있었고, 이슈가 발생할 경우 최고의 외부 전문가들을 활용하는 등 최선을 다했다는 면피를 할 수 있어야 했다. 그래서 실력도 중요하지만 그보다는 회사의 레퍼런스, 즉 권위가 더 중요했다. 결국 고객들은 컨설팅을 사는 것이 아니라 설득과 면피를 사려 했던 것이다.

이런 상황에서 나는 어떻게 돌파구를 마련했을까? 첫째, 최저가 입찰로 나온 작은 규모의 금융기관 사업들을 찾았다. 규모도 작고 최저가라 1~2등 회사는 그들에게 별다른 관심이 없었다. 우리는 최저가를 제시해 이를 모두 따왔다. 대신 최정예 멤버를 보내서 뛰어난 결과를 내고 이 소문이 다른 금융기관에 나도록 했다. 이를 통해 레퍼런스를 확보하고 고객들이 면피할 수 있는 기반을 만들었다.

둘째, 국내 최대 은행의 가장 큰 규모의 딜이 나왔을 때 나는 심사위원들을 설득했다. 다른 누구보다 내가 그 회사의 까다로운 경영층을 가장 잘 설득할 수 있는 사람임을 어필했다. 그 회사는 특정 업체가 미리 영업을 해놓았다고 소문이 난 곳이었다. 그 업체는 사전에 소규모 프로젝트를 진행하며 터를 닦고 있었다. 다른 업체들은 들러리에 불과하니 도전하지 말라고들 했다. 그런데 우리는 물러서지 않고 베팅했다.

내 학력이나 경력, 브랜드, 논리성, 발표 능력 등은 경영자들을 설득하기에 충분하다는 것을 증명해냈다. 후일담을 들어보니 당시 심사위원들 사이에 논쟁이 일어났다고 한다. 실무진들은 원래 내정해두었던 업체를 선택했다. 그러나 팀장의 생각은 달랐다. 관리자들이 초점을 둔 것은 경영진을 설득하는 것이었는데, 나라면 그것을 잘할 수 있겠다고 판단했던 것이다. 결국 우리는 그 딜을 따냈고 나는 그 회사의 까다로운 경영층을 설득해서 그 부서가 큰 예산을 확보하도록 해주었다. 이후 그 팀장은 승진해 임원이 되었다.

우리는 승승장구하며 3년 만에 업계 7위에서 업계 1위로 올라섰다. 그 후에도 우리는 매년 업계 최초로 최고의 매출을 갱신해나갔다. 그런 성과 창출이 가능했던 것은 우리가 컨설팅의 본질을 명확히 이해하고 있었기 때문이다.

명품이 아니라 허세를 판다

똑똑한 사업가들은 사업의 진짜 목적이 해당 솔루션이나 서비스가 아니라는 것을 잘 알고 있다. 스타벅스 창업자는 자신들이 커피를 파는 것이 아니라 분위기와 감성이 있는 공간을 제공하는 것이라 말했다. 레브론의 창업자 찰스 레브슨Charles Revson은 "우리는 공장에서 화장품을 만들지만 매장에서는 아름다워질 수 있다는 희망을 판다. 화장품 회사가 파는 것은 희망이다."라고 했다. 스티브 잡스Steve Jobs는 강연에서 "나이키는 신발을 팔지 않습니다. 그들은 위대한 운동선수를 존경하고, 위대한 운동경기에 경의를 표합니다. (…) 애플은 컴퓨터나 스마트폰을 파는 게 아닙니다."라고 말한다. 나이키가 파는 것은 잠재력의 실현 가능성이며, 애플이 파는 것은 열정을 가진 사람들이 더 나은 세상을 만들 수 있다는 희망이라고 잡스는 말했다.

명품 사업자는 명품을 파는 것일까? 그렇지 않다. 명품 사업자들은 자신들의 사업이 핸드백이나 구두 사업이 아님을 잘 알고 있다. 명품 회사 경영자들은 자신들이 '허세'나 '자아실현'을 파는 것임을 알고 있다. 고객이 허세를 더 부릴 수 있게 할수록 더 비싸게 잘 팔 수 있음을 아는 것이다. 따라서 그들은 가성비가 좋은 제품으로 수많은 대중에게 판매하는 전략을 쓰지 않는다. 일부러 한정품을 만들어 희소성을 높인다. 고객들이 매장에서 구경하는 것조차 통제한다. VIP 고객들에게는 최고의 서비스를 하며 그렇지 않은 사람과 엄청난 차별을 한다. 최고의 이미지를 유지하기 위해 최선을 다하는 것이다. 가성비가 좋은 제품으로 고객층을 확대하면 단기간에 더 많은 수익을 얻을 수 있지만, 그 방식으로는 자신의 비즈니스가 지속 가능하지 않음을 알고 있다. 왜냐하면 그들이 파는 것은 명품이 아니라 '허세'이기 때문이다.

혹시 《브리태니커 백과사전》을 아는가? 두꺼운 고급 양장

본으로 되어 있는 이 사전은 몇십 권이 세트인 전집이다. 과거 부잣집 책장에는 예외 없이 이 두꺼운 백과사전이 진열되어 있었다. 그런데 이후 온라인 백과사전이 나오자 브리태니커는 위협을 느끼고 자신들도 온라인 백과사전을 펴냈다. 안타깝게도 온라인, 오프라인 모두에서 참패하고 브리태니커는 사양길을 걷게 된다. 시장 흐름에 발빠르게 대응했는데 왜 온오프 양쪽 모두에서 실패한 것일까?

이들은 고객들이 《브리태니커 백과사전》을 왜 사는지 그 포인트를 제대로 파악하지 못하고 있었다. 이 사전을 처음부터 끝까지 다 읽겠다는 마음으로 사는 사람은 거의 없다. 다시 말해 이 사전은 책장을 장식해줄 멋진 명품이었으며, 고객들은 사전을 산 것이 아니라 '허세'와 '자기만족'을 산 것이다. 고급진 양장본인 데다 가격 또한 만만치 않은 제품이다 보니 거실 책장에 두꺼운 브리태니커 백과사전이 있으면 그럴싸해 보이는 맛이 있다. 방문해서 거실 책장을 본 사람들은 이 집은 부자일 뿐만 아니라 교양과 품격도 갖춘 집이라 여기게 된다.

그러나 허세를 만족시켜줄 다른 대체재들이 증가하면서 고객들은 브리태니커에 흥미를 잃어갔다. 브리태니커 사전에 담긴 콘텐츠가 중요한 게 아니었기에 브리태니커가 디지털 백과사전을 싼 가격에 공급한다고 해도 고객들은 크게 관심을 갖지 않았던 것이다. 다시 말해 이제는 《브리태니커 백과사전》을 사야 할 이유가 없어진 셈이다.

거듭 강조하지만 기업들은 자신의 서비스와 상품이 제공하는 진짜 가치가 무엇인지를 파악해야 한다. 고객들은 왜 우리의 서비스와 상품을 구입하는가? 왜 하필이면 다른 곳이 아니라 우리에게서 구입하는가? 이런 질문을 하고 답을 할 수 있어야 한다. 나는 스타트업이나 벤처 창업자들과 이야기를 나눌 일이 많은데 그때마다 놀라곤 한다. 창업자 대부분이 성공하고 있음에도 이것을 잘 모르고 있기 때문이다.

한번은 개발자들과 구인 회사를 연결해주는 플랫폼 사업 창업자와 이야기를 나눌 일이 있었다. 내가 물었다. "왜 고객들이 당신의 플랫폼을 사용하나요? 다른 경쟁자가 있음에도 고객들이 당신의 플랫폼을 사용하는 이유가 무엇인지 궁금하네요." 내 질문에 그는 스피드, 이력서의 품질 등을 이야기했다. 그러나 내가 보기에 본질은 그것이 아니었다. '보증과 신뢰'였다. 그 회사는 경쟁사들과는 차별화된 보증 시스템이 있어 개발자들은 돈을 제대로 받을 수 있고, 구인 회사들도 개발자들이 도망가는 비율을 낮출 수 있었다. 그런데 흥미롭게도 그 회사의 창업자는 가장 핵심적인 요인을 모르고 있었다.

이것을 아는 것은 중요할까? 당연히 중요하다. 그렇다면 왜 중요할까? 고객이 정말 얻고자 하는 본질적 가치를 알면 이를 기반으로 사업을 확장하거나 더 큰 가치를 부가할 수 있기 때문이다.

본질가치를 알아야 차별화를 만들 수 있다

와세다대학 교수이자 경영 컨설팅 전문가인 칸노 히로시는 《승자의 경영》이란 책에서 야마하를 분석해 학부모들이 왜 야마하 피아노를 구입하는지 살펴보았다. 야마하 피아노를 구입하는 학부모 대부분은 아이를 피아니스트로 만들고자 피아노를 구입하는 것이 아니었다. 부모들은 아이들의 정서교육을 원했고 피아노는 정서교육을 위한 하나의 수단이었다. 결국 피아노 자체가 핵심 필요가 아니었다는 말이다. 피아노를 사는 근본적인 이유는 '정서교육'이었다.

야마하는 이를 잘 알고 있었다. 그래서 피아노를 파는 것에 초점을 맞추지 않고 아이들의 정서교육을 도울 수 있는 콘텐츠, 플랫폼을 제공하기 시작했다. 악기뿐 아니라 교육까지 제공했으며, 콘테스트를 개최하고 SNS와도 연동시켜 아이들이 자기표현을 할 수 있는 장을 만들어주었다.

당신이 사업가나 경영자라면 반드시 다음의 2가지 질문을 해야 한다. 첫째, "고객은 당신 회사의 서비스나 제품을 도대체 왜 사는가?" 다른 말로 이렇게 질문할 수도 있다. "고객이 우리가 제공하는 제품, 서비스를 사는 궁극적 이유는 무엇인가? 그들이 얻고자 하는 본질적인 가치는 무엇인가?" 둘째 질문은 "경쟁사가 아닌 하필이면 우리 제품이나 서비스를 사는 이유는 무엇인가?"이다.

이 질문들에 답을 했는가? 여기서 끝이 아니다. 다음의 질문에 답을 하면서 전략을 수립하고 실행해봐야 한다. 첫째, 본질가치를 강화하는 당신의 차별화된 핵심역량은 무엇인가? 그리고 이 본질가치를 강화할 수 있는 것들을 기업의 밸류체인에 더한다면 어떻게 될까? 둘째, 본질가치가 허세라면 허세를 부릴 수 있는 마케팅, 딜리버리 방식 등 허세를 극대화하도록 밸류체인을 강화해야 한다. 셋째, 본질가치를 충족할 수 있는 또 다른 서비스와 상품은 무엇인가? 기존의 상품이나 서비스와 어떻게 결합할 것인가?

이러한 가치를 깊이 있게 통찰하지 않으면 시간이 지나면서 생각지도 못한 경쟁자에게 시장을 빼앗기게 된다. 골프장이나 영화관이 주는 '즐거움'의 가치가 '스마트폰'에 의해 잠식당한 것처럼 경쟁이란 유사한 서비스와 제품을 제공하는 회사와만 하는 것이 아니다. 전혀 다른 제품이나 서비스를 제공함에도 불구하고 동일한 가치를 제공하는 기업들과 경쟁하게 된다. 그러므로 가치를 인식하는 것은 경쟁전략을 세울 때도 큰 도움이 된다.

소크라테스는 "너 자신을 알라."라고 했는데 이 진리는 수천 년이 지난 지금도 유효하다. 자신이 성공했음에도 왜 성공했는지, 또 실패했음에도 왜 실패했는지 그 이유를 모르는 경영자들이 너무 많다. 자신이 누구이며 무엇을 하는지를 지속적으로 탐구해야 한다. 자신이 파는 것이 무엇이며 고객이 왜 그것을 사고자 하는지 알아야 한다. 스스로 알기 어렵다면 주위에 물어보는 것도 좋은 방법이다. 물론 이것을 잘 이해한다고 해서 반드시 성공이 보장되는 것은 아니다. 그러나 이것을 모르는 기업과 조직에 비해 성공 확률이 더 높아지는 것은 분명하다.

5

사업을 지속 가능하게 하는
힘은 무엇일까?

"그 어떤 전략과 전술보다 중요한 원칙의 힘"

○

성경에는 변화와 혁신의 본질을 보여주는 상징적인 장면이 등장한다. 이스라엘 백성은 오랜 시간 애굽에서 종살이를 했다. 지도자 모세의 인도로 마침내 그곳을 탈출했고, 기적처럼 홍해를 건너 자유를 얻는다. 그러나 그들을 기다리고 있던 곳은 약속의 땅 가나안이 아니라, 험난한 광야였다. 그러자 그들은 애굽에서 종살이할 때 고기 가마 곁에서 떡을 먹던 때를 그리워하며 불평과 원망을 쏟아냈다.

"애굽에 있을 때가 나았다. 그때는 잘 먹고 살았는데 이게 도대체 뭐야? 자유는 개뿔, 우리 다시 돌아가자.”

자유를 얻었지만 불편해졌고, 미래 또한 불확실했다. 결국 그들은 다시 돌아가자며 지도자를 원망한다. 자유보다 익숙한 고통이 더 편하게 느껴졌기 때문이다.

변화와 혁신에는 축적의 시간이 필요하다

변화와 혁신이 지속되지 못하는 이유는 놀라울 정도로 이 이야기와 닮아 있다. 처음에는 혁신을 외친다. 새로운 방식에 도전하고, 기존과 다른 선택을 한다. 하지만 막상 현장에서는 일이 더 많아지고, 기준은 까다로워지고, 성과는 당장 눈에 보이지 않는다. 그러면 불만이 쌓이기 시작한다.

“괜히 변화를 시도했다.”

“예전 방식이 더 편했다.”

“왜 이렇게까지 해야 하느냐.”

아이러니한 점은, 혁신이 어느 정도 성과를 내기 시작한 이후에도 문제가 발생한다는 것이다. 매출이 나오고 고객이 늘어나면 긴장이 풀린다. 더 좋아지기 위해 버텨야 할 시점에 사람들은 슬그머니 현실과 타협한다. 원칙을 조금 느슨하게 적용하고, 편한 방식으로 되돌아간다. 비용을 줄이기 위해 기준을 낮추고, 품질과 관리에 대한 집중을 내려놓는다.

그러나 고객은 이런 변화를 아주 빠르게 알아챈다. 처음에는 미세한 차이지만, 시간이 지날수록 신뢰는 조금씩 깎인다. 그리고 어느 순간부터 성과는 정체되고, 다시 하락한다. 혁신을 시도했다가 중도에 포기하거나, 원칙을 버리고 현실에 안주한 조직과 기업이 실패하는 경로는 대체로 이와 비슷하다.

어떤 전략이든 어떤 시스템이든 일정 수준의 결과가 나오기까지는 감내해야 할 불편과 투입해야 할 에너지가 존재한다. 이 과정을 견디지 못하고 중도에 포기하거나, 이미 검증된 원칙과 베스트 프랙티스를 버리는 순간 변화는 멈춘다. 그리고 그 조직은 다시 출발점으로 되돌아간다.

사업을 지속 가능하게 만드는 힘은 화려한 전략이나 기발한 전술이 아니다. 어렵고 불편한 순간에도 지켜내는 몇 가지 원칙, 그리고 그것을 끝까지 유지하는 집요함이다. 원칙은 위기 상황에서 조직을 붙잡아주는 마지막 버팀목이다. 그 원칙을 포기하는 순간, 성장은 멈추고 퇴보가 시작된다.

변화란 이렇게 어려운 것이다. 혁신적인 리더의 도움으로 혁신을 실행하다가도 조금 힘들고 잘 안되면 때려치운다. 그동안 편하게 일해왔는데, 괜히 혁신이니 뭐니 해서 힘들고 일만 많아졌다고 불평하며 리더를 원망한다.

혁신을 해서 잘되는데도 지속되지 않는 이유는 뭘까? 돈이 잘 벌리니 그 수익에 안주하는 것이다. 거기서 더 좋아지기 위해 노력하기 귀찮으니 슬그머니 현실과 타협한다. 음식을 미리 만들어놓고, 물을 부어 희석하고, 기름도 여러 번 재사용하면서 원가를 줄인다. 청소나 위생관리도 등한시한다. 당장 수익이 나니 조금 방만하게 해도 될 거라는 안일함에 중독된다. 그러나 이런 변화를 고객들은 재빠르게 눈치 챈다. 그리고 서서히 고객은 줄어들기 시작한다. 혁신을 시도하다가 다시 현실에 안주하는 가게나 기업이 실패하고 원상태로 돌아오는 루트는 비슷하다.

원칙을 무시하는 기업이 성공하지 못하는 이유

사람들이 성공을 지속하지 못하는 이유는 성공법칙을 몰라서이기도 하지만 알아도 성공하지 못하는 경우가 있다. 그 원칙을 고수하면서 지속적으로 실행하지 못하기 때문이다. 원칙이란 무엇인가? 당장의 이익이 아니라 장기적인 목표 달성을 위해 반드시 지켜야 할 무언가다. 당연히 기다림의 시간과 참을성이 필요하다.

경제경영 뉴스를 제공하는 미국의 NBR 방송이 지난 25년간 가장 뛰어난 리더 25인을 선정했고, 그중 최고의 리더로 인텔의 앤드루 그로브Andrew Grove를 뽑았다. 선정된 25인에는 스티브 잡스, 허브 켈러허Herb Kelleher, 잭 웰치Jack Welch, 제프 베이조스 등도 포함되어 있었다. 흥미롭게도 여기 언급된 앤드루 그로브, 스티브 잡스, 허브 켈러허, 잭 웰치, 제프 베이조스는 공통점이 있다. 모두 좋은 성격의 리더가 아니라는 점이다. 좋은 성격은커녕 괴팍하고 편집증적인 성격을 가진 리더들이다.

그런데도 이들이 훌륭한 리더로 선정된 이유는 무엇일까? 리더 선정에 관여한 무굴 판다Mukul Pandya 교수는 그들의 공통점을 찾았다. 그것은 '끈질김'이었다고 한다. 그럼 무엇에 대한 '끈질김'일까? 엉뚱한 것에 대한 끈질김은 쓸데없는 고집이 될 수 있기에 장점이라 할 수 없다. 사실 전략과 전술은 상황에 맞게 빨리 바꾸는 것이 더 효과적이다.

반면 그들이 지닌 끈질김은 다른 것이었다. 그들은 미션, 가치와 원칙에 엄격했고 이를 고수하는 데 있어 끈질겼다. 잡스는 '단순함'을, 앤드루 그로브는 '최고의 품질'을, 베이조스는 '고객 중심'이라는 원칙을 끈질기게 고수했다. 이들은 이 원칙을 지키기 위해 손해도 감수하는 것으로 유명하다. 직원들이 이 피곤하고 까다로운 리더들을 따른 이유는 이들이 '사심 없고', '자기 이익만을 추구하지 않으며', '숭고한 원칙'을 일관성 있게 실행했다는 데 있다. 이러한 원칙의 고수는 그 기업들을 다르게 만들었고 지속 가능케 했다.

이처럼 잘나가는 기업들이 원칙을 고수하는 반면, 그저 그런 기업이나 실패하는 기업들은 원칙이 없는 경우가 많다. 이런 기업들은 '고객 우선'이라고 써놓고 고객은 손해를 보지만 자신은 이득을 높이는 제안을 한다. '신뢰'가 중요하다고 말하면서 고객이나 직원을 속인다. 향후 브랜드나 신뢰를 침해하더라도 당장 눈앞에 돈이 되는 일을 한다. 심지어 법적 문제가 있어도 한다. 미래에 큰 관심을 두지 않고 당장의 이득만 노리는 것은 기업의 성장에는 독이 될 뿐이다. 기업의 성공을 돕는 원칙에 대해 더 알고 싶으면 존 M. 허츠만의 책《원칙으로 승부하라》를 읽어보길 권한다.

이는 사업이나 경영에만 적용되는 이야기가 아니다. 개인의 일과 삶에서도 마찬가지다. 나는 과거 주식투자에 관심을 가졌고, 주식투자 관련 책을 많이 읽었다. 그런데 모멘텀 momentum 투자 관련 책을 읽으면 이 방법이 맞는 것 같고, 가치투자 관련 책을 읽으면 그 방법이 맞는 것 같았다. 이 유튜브를 보면 이 방법이 맞는 것 같고 저 유튜브를 보면 저 방법이 맞는 것 같은 일이 반복됐다.

이리저리 휩쓸리며 이랬다저랬다 원칙 없는 투자를 하다 보니 돈을 벌어도 왜 벌었는지, 잃어도 왜 잃었는지 이유를 알 수 없었다. 아무 원칙이 없으니 도박에 가까운 투자를 했던 것이다. 이후 확인한 것은 투자로 일가를 이룬 사람들은 다들 자기만의 '원칙'이 있다는 점이었다. 그들은 자기만의 투자 원칙에서 벗어나면 큰 유혹이 있어도 인내했다. 당장의 이익과 손실보다 지속적인 성공 확률을 높이는 데 집중한 것이다. 이렇게 대원칙을 갖고 그 기준에 맞춰 투자를 하면 투기심이나 과욕에 휩쓸리지 않게 되므로, 안정적인 수익을 올릴 수 있다. 큰 리스크를 감당할 일도 없다.

당신이 사업을 하면서 부를 쌓고 신뢰를 얻고자 한다면, 또는 개인의 삶을 꾸려가며 커리어를 잘 유지하고자 한다면 반드시 자기만의 원칙을 만들어라. 그 원칙이 당신이 길을 잃지 않고 지향점을 향해 나아가도록 도와줄 것이다.

6

시스템이 과연 만능인가?

"미션과 시스템의 밸런스를 맞춰라"

○

시스템의 관점에서 보면, 대다수 기업은 무질서와 극단적 매뉴얼, 그리고 프로세스화 사이 어디엔가 위치해 있다. 시스템화는 필수적이지만 그렇다고 만능은 아니다. 중요한 것은 미션과 시스템의 밸런스다.

미션(미션을 보고 스스로 생각하고 판단해 일함) + 듀티(시스템과 매뉴얼에 기반해 일함)의 조화가 당신의 사업을 더 지속 가능한 성공으로 이끌 것이다.

시스템이 만병통치약은 아니다

창업자들은 초기에 시행착오와 무질서를 경험한다. 이후 본격적으로 성장기에 접어들면 그제야 사업의 실체를 깨닫기 시작한다. 그러곤 사업의 핵심 중 하나가 '시스템'임을 이해하게 된다. 이때부터 자기 혼자서 북 치고 장구 치며 소방수 역할을 하던 정신없는 상황에서 벗어나 자신이 빠져도 저절로 돌아가는 시스템을 구축하기 위해 노력하기 시작한다.

이러한 시스템은 당연히 기업이 한 단계 성장하는 데 매우 중요하다. 시스템이 잘 구축되면 성공적인 자동화와 레버리지를 만들 수 있기 때문이다. 이런 이유로 나도 시스템을 구축하는 법을 이 책의 파트 2에서 자세히 밝혔다. 그러나 시스템이 마치 사업의 모든 것인 양, 마치 만병통치약이라도 되는 양 믿어선 안 된다. 시스템이 중요한 것은 사실이지만 시스템의 맹점 또한 이해할 필요가 있다.

먼저 '기업은 어떻게 진화하는가?'를 살펴볼 필요가 있다. 초기에는 혼자서 올라운드 플레이가 되어 헉헉거리던 창업자들이 성장함에 따라 리더십 팀을 갖추게 된다. 엔드 투 엔드 End-to-end, 이하 E-to-E로 모든 것들을 했던 임직원들은 점점 기능적으로 분화된다. 영업이나 마케팅, 개발조직이 세팅되고 고객을 지원하는 조직 또한 정비된다. 임직원들을 지원하는 인사 조직, 재무회계 조직, 리스크 대응 조직 등이 세팅된다. 회사 규정이 생기기 시작하고 영역별 업무 방식이 정립되고 매뉴얼이 만들어진다. 다양한 업무지원 SW나 IT 시스템이 들어오면서 업무의 절차들이 여기에 스며들게 된다.

명시적 시스템과 암묵적 시스템

창업자들이나 경영자들은 대개 시스템을 빠르게 구축해야 한다는 압박감을 느낀다. 그래야 개인플레이가 아니라 체계적으로 회사가 돌아갈 수 있음을 알기 때문이다. 그러나 시스템을 만들어야 한다는 압박감에 너무 짓눌릴 필요 없다. 사람이 모이면 자연스럽게 방향을 찾아가게 되고 시스템이 만들어진다. 리더들을 세우고 팀들을 구성하면서 그에 맞는 체계도 생기게 된다.

나는 이러한 시스템을 크게 2가지로 나눈다. 하나는 명시적 explicit 시스템이고, 다른 하나는 암묵적implicit 시스템이다. 명시적 시스템이란 문서화되거나 IT로 구현된 시스템을 의미한다. 정책, 규정, 절차서, 체크리스트, 각종 양식 등의 문서와 ERP, CRM, Wiki, 그룹웨어, Slack 등의 IT 시스템이 여기에 포함된다.

"우리 회사는 체크리스트도 매뉴얼도 IT 시스템도 없어요." 라고 말하는 이들이 있다. 그래도 시스템이 없는 것은 아니다.

문서화되지 않아도 과거에 했던 관행과 방식이 공유되고 전달된다. 이 또한 시스템이라 부를 수 있으며, 이것이 바로 암묵적 시스템이다.

시스템 구축에 강력한 의지가 있는 경영자가 회사를 경영하는 경우 명시적인 영역이 증가한다. 매뉴얼화를 하고 표준 절차를 만든다. 내부 지식들을 모아놓고 검색할 수 있도록 한다. 업무 수행을 지원하는 IT 시스템이나 SW를 도입해 이를 기반으로 공통적으로 일하게 한다.

특히 오프라인 대고객 사업이나 프랜차이즈 사업의 경우 이러한 시스템화는 업의 본질이자 핵심역량이라 해도 과언이 아니다. 우리가 항공기를 탈 때, 놀이공원에 갈 때, 호텔에 갈 때, 병원에 갈 때, 프랜차이즈 음식점에 갈 때를 생각해보자. 직원에 따라 서비스가 들쑥날쑥하다면 다시 이용하기 어려울 것이다. 공공서비스 또한 이와 유사하다. 서비스 사업에 있어서 명시적인 고객 대응 시스템은 매우 중요할뿐더러 사업의 사활을 좌우할 수도 있다.

고객 대응 시스템뿐만이 아니다. 훌륭한 마케팅 시스템이 있는 곳과 그렇지 않은 곳의 마케팅 효과나 효율성 차이는 클 수밖에 없다. 사람들을 평가하고 보상하는 시스템이 합리적인 곳과 그렇지 않은 곳, 구성원들이 서로 커뮤니케이션하는 시스템이 잘 갖춰져 있는 곳과 그렇지 않은 곳, 구성원들의 지식이 시스템적으로 잘 정리되어 있는 곳과 그렇지 않은 곳의 성과 차이는 작지 않다.

시스템의 생성 단계

시스템의 생성은 대개 다음과 같은 단계를 거친다. 처음에는 돈과 직결되는 영역과 법적 규제가 있는 영역부터 시스템화가 된다. 돈을 처리하는 영역이 대개 가장 먼저 시스템화된다. 일단 돈이 들어오고 나가는 것부터 관리해야 하기 때문이다. 법적 준수를 해야 하는 세금 영역, 근로 영역 또한 시스템화될 수밖에 없다.

이후 업종에 따라 핵심 업무들이 시스템화된다. 서비스업이라면 고객서비스 영역이 시스템화될 것이고, 마케팅이 중심인 기업은 마케팅 영역이 시스템화될 것이며, 공장을 가지고 있는 기업이라면 생산 영역이 시스템화될 것이다. 그다음에는 인사 평가, 총무 등 지원업무들이 하나씩 시스템화된다. 제일 마지막으로는 대개 지식관리나 리스크에 대응하는 영역이 시스템화된다.

'리스크 대응' 영역을 처음부터 중요시 여기는 창업자들은 거의 없다. 있다면 대기업을 경험한 창업자 정도일 것이다. 리스크 대응은 기업가정신이 충만한 창업가들에게 별로 어울리지 않는 영역이기 때문이다. 대개 이를 무시하기도 하고 폄하하기도 한다. 따라서 이러한 영역은 사고나 이슈를 크게 한 번씩 당한 이후에야 뒤늦게 정비하게 된다. 회사에서 횡령 사고가 터진 경우, 사회적 이슈가 된 경우, 커다란 법적 분쟁이 일어난 경우, 공정거래 이슈로 고생하는 경우, 대형 장애나 보안 사고가 난 경우 등 이슈 발생 후에 비로소 언론 대응, 법무, 보안, 리스크 대응을 챙기기 시작한다.

업계에는 재미있는 말이 있다. "모험과 혁신을 강조하며 소통을 즐겨 하는 성공한 창업가들의 마인드는 국회 청문회장에 서거나 검찰에 한 번 다녀온 후 완전히 바뀐다." 혁신가들은 이런 일을 겪은 후 현실을 뼈저리게 체감하고 나면 자신들이 공룡 기업이라며 비난했던 대기업의 모습에 점차 가까워지게 된다.

대기업이나 공공기관들이 돌다리도 두드리며 건너는 데는 이유가 있다. 큰 리스크를 겪으며 호되게 당하다 보면 아무래도 보수적으로 일을 진행하게 된다. 그러니 그들을 향해 도전적이지 않다며 무조건 비난할 일만은 아니라는 뜻이다. 아이들이 실수하면 박수 치며 응원해주지만, 어른이 실수하면 비난하는 것과 동일한 원리다. 비즈니스 세계도 마찬가지다.

물론 시스템은 많은 장점을 갖고 있으며, 대략 정리하면 다음과 같다.

- 창업자나 CEO가 신경 쓰지 않아도 알아서 사업이 돌아간다.

- 레버리지를 만든다.

- 업무가 특정 개인의 입사와 퇴사에 의해 좌우되지 않는다.

- 누가 새로 입사해도 빠르게 업무에 적응한다.

- 시스템이 세팅되면 생산성 개선과 업그레이드가 쉬워진다.

- 고객들에게 일관성 있고 표준화된 품질을 제공할 수 있다.

- 사람들의 실수를 줄여준다. 아툴 가완디Atul Gawande의 《체크! 체크리스트》라는 책을 읽어보자. 단순한 체크리스트만으로도 얼마나 많은 실수를 해결하는지 확인할 수 있다.

다양한 회사를 다녀본 결과 시스템이 가장 잘 갖추어진 곳은 글로벌 대기업들이었다. 대개 업무 시스템이 완벽하게 갖추어져 있고, 체계화가 잘 되어 있다. 업무 DB 또한 완벽하다. 또한 웬만한 것은 다 기록으로 남겨야 한다. 이곳들이 시스템이 잘 갖추어진 이유는 무엇일까? 글로벌 기업의 경우 구성원들이 근무하는 위치가 제각각이며, 이직 또한 빈번하기 때문에 시스템화가 매우 발달되어 있을 수밖에 없다.

국내 대기업들은 어떨까? 지원 시스템은 매우 잘 갖추어져 있으나 본질적인 업무 시스템은 생각 외로 명시적 시스템화 비율이 낮은 편이다. 내가 생각하기에 대개 인력들이 한 사무실에 모여서 근무하고 인력의 이직이 글로벌 회사에 비해 빈번하지 않기 때문인 것으로 보인다. 인력들의 이직이 빈번하지 않은 경우 굳이 명시화된 매뉴얼이나 지침, SW 등이 필요하지 않다. 옆에 있는 직원에게 묻고 상의하는 것이 더 빠르기 때문이다.

최근 국내 기업들도 온오프 근무가 복합되고, 인력들의 이직률이 점점 높아지면서 조금 더 명시적인 시스템을 구축하고자 고민하고 있다. 작은 기업들은 어떨까? 제각각이다. 아주 필수적인 영역 외에는 대부분 명시적인 체계가 매우 미흡하다. 그래도 최근 테크 스타트업들은 초기부터 다양한 SaaS 기반의 SW를 활용하면서 명시적인 시스템을 구축하는 분위기다. 시스템의 관점에서 보면 대부분의 기업은 무질서와 극단적 매뉴얼·프로세스화 사이 어디엔가 위치하게 된다.

그런데 앞서도 말했듯 이런 시스템에는 장점만 있는 게 아니다. 세상의 모든 것은 명이 있으면 암이 있다. 시스템은 만능 해결사가 아니다. 회사 규모가 커지며 시스템화가 확대될수록 다음의 부작용이 나타난다.

- 개개인은 E-to-E로 일할 기회를 잃어버린다. 하나의 기능function을 담당하게 되고 부속품 같은 역할을 하면서 대체 가능한 존재가 된다. 이에 자신의 존재 의미나 차별화를 찾기 어려운 경우들이 발생한다.
- 시스템이 업무를 지원하는 게 아니라 업무가 시스템에 휘둘리기도 한다. 즉 인사 평가 시스템이 너무 잘 갖춰지면 그것이 보조가 아니라 목적이 된다. 평가 기준을 만족하는 일에만 초점을 맞추게 된다는 뜻이다. 매뉴얼이 너무 잘 갖춰지면 매뉴얼대로만 일하는 문제가 생

긴다.

- 개개인의 상상력과 역량 발휘가 제한된다.

- 관료주의가 싹트기 시작한다. 즉 하라는 것만 하고 리스크가 될 만한 것, 절차를 지키지 않는 것은 회피하는 경향이 나타난다. 문제가 생기면 지침과 절차를 지켰는가를 기준으로 심판하기 때문이다. 다음 상황을 한번 생각해보자. 당신은 좋은 의도로 일을 시작했고, 무엇보다 고객을 우선했다. 그런데 예상치 못한 문제가 발생했다. 그 결과 감사를 받게 되고, 절차를 어겼다는 이유로 인사상 불이익이나 더 큰 책임을 떠안을 수 있는 상황이라면, 당신은 어떻게 행동하겠는가? 절차를 강조하고 책임을 묻는 시스템이 강화될수록 사람들은 보수화, 관료화된다. 반대로 유연성, 모험, 시도는 감소한다.

결국 시스템에 의해 돌아가는 기업은 점진적 상승에는 도움이 될 수 있지만, 분화되어 E-to-E로 볼 수 있는 사람들은 줄어들고 도전이나 창의 등이 발산되기 어려운 구조가 된다. 매뉴얼에 없거나 아예 전산 시스템에 입력조차 할 수 없다면 어떻게 될까? 그러면 회사의 미션에 부합하는 결정을 하거나 고객을 위한 일임에도 실무진들이 자율적인 의사결정을 하기 어렵다. 구성원들이 책임을 회피하고 창의적인 의견을 내지 않을 위험이 있다.

이렇게 되면 고객 중심적인 혁신은 점점 사라지게 된다. 당신이 지금 스타트업이나 작은 회사의 경영자라면 이런 걱정은 한참 후에 해도 된다. 그러나 당신이 대기업이나 오래된 기업의 경영자라면 이런 고민은 당장 해결해야 할 이슈일 것이다.

그러면 대안은 무엇일까? 시스템 중심과 미션 중심 2가지를 혼합하는 것이다. 먼저 구성원들에게 기본적인 시스템이 필요하다. 기본적인 시스템은 일하는 기반이 되며, 구성원들에게 회사의 미션과 가치가 무엇인지 알려주는 역할을 한다. 그리고 이 미션과 가치에 의해 행동할 수 있는 자율 권한을 일정 부분 부여한다. 현장의 상황에 따라 스스로 자율적 의사결정을 할 수 있는 여지를 어느 정도 남겨두라는 말이다. 현재의 시스템과 프로세스에는 없지만 고객을 위해 스스로 판단할 수 있는 권한을 부여해주는 것이다.

이 2가지의 비율은 어느 정도가 적절할까? 이는 기업의 업종과 상황에 따라 달라진다. 예를 들어 자포스 같은 곳은 후자의 비율이 엄청나게 높았다. 우리가 생각하기에 프로세스대로 움직일 것 같은 디즈니조차 60 대 40의 비율을 유지한다. 이에 대해서는 오스미 리키의 《HOW TO 디즈니 시스템 & 매뉴얼》에 자세히 나와 있다.

시스템 중심과 미션 중심, 이 둘의 비율을 얼마로 할지는 당신 회사의 업과 회사가 놓인 환경에 따라 달라진다. 결국 CEO와 경영진의 판단이 중요하다. 다만 분명한 것은 100 대 0의 비율은 위험하다는 것이다.

시스템화는 만능이 아니다. 디즈니의 사례에서 알 수 있듯이 시스템과 매뉴얼에 따른 실행(듀티)과, 미션을 기준으로 스스로 판단하고 행동하는 자율성이 균형을 이뤄야 한다. 이 둘을 적절한 비율로 혼합함으로써 당신의 사업을 지속 가능한 성공으로 이끌 수 있다.

Core
Contents

- 시스템은 기업 성장의 필수 조건이지만, 만능 해결책은 아니다.
- 명시적 시스템과 암묵적 시스템은 조직을 안정시키지만, 과도해지면 창의와 자율을 위축시킨다.
- 매뉴얼과 절차는 일관성과 효율을 만들지만, 사람을 기능 단위의 부속품으로 전락시킬 위험이 있다.
- 미션은 구성원이 현장에서 스스로 판단하고 결정할 수 있게 하는 기준이 된다.
- 결국 지속 가능한 성장은 시스템에 따른 실행과 미션에 기반한 자율이 균형을 이룰 때 가능하다.

PART 4

조직과 사람을
움직이는 법

1

조직과 사람을 움직이는 방법

"마음을 사로잡고 스스로 움직이게 만들어라"

○

경영자들이나 리더들의 가장 큰 고민 중 하나는 '구성원들을 어떻게 움직일까?' 또는 '조직을 어떻게 움직일까?' 하는 것이다. 왜냐하면 기업은 자영업, 전문가, 프리랜서와 달리 기본적으로 타인을 움직여서 목표를 달성하는 엔티티Entity, 개체이기 때문이다. 그러므로 경영의 핵심 중 하나는 어떻게 타인을 움직이느냐다.

다른 사람의 마음을 사로잡는다는 것

타인을 움직인다는 것은 쉽지 않다. 왜냐하면 사람들은 각기 다른 부모에서 태어났기에 기질과 성향이 다르다. 게다가 자라온 환경, 배경, 경험도 다르다. 당연히 삶의 목적도, 가치도, 사고방식도, 감정도 다를 수밖에 없다. 이런 사람들을 움직여서 목표를 달성한다는 것은 매우 어려운 일이다. 그러나 타인을 움직이지 않고는 경영을 할 수 없다. 사람들이 하나의 방향으로 움직이지 않는 조직, 사람들이 최선을 다하지 않는 조직은 지속 가능하지 않기 때문이다. 따라서 사람을 움직이는 것은 리더십과 경영의 핵심이다.

한 사람의 마음을 움직이기도 어려운데 100명, 200명, 아니 1,000명, 2,000명이 넘는 조직을 어떻게 움직여야 할까? 이와 관련해 단편적으로 알고 있었던 내용을 총체적으로 정리해보려 한다. 이렇게 정리하기까지 나도 수십 년의 시간을 투자한 경험이 필요했다.

먼저 조직을 움직이는 방법은 2가지가 있다. 하나는 조직 내 구성원 한 명 한 명을 '미시적'으로 움직여 조직을 목표에 정렬하는 것이다. 또 다른 하나는 구성원 전체를 '거시적'으로 움직여 목표에 정렬하게 하는 것이다.

구성원 개개인을 미시적으로 움직인다는 것은 구성원 개개인의 목적, 가치, 욕구, 갈망을 파악하고 이를 조직의 목표와 연결시켜 이들의 동기가 강화되고 최선을 다할 수 있도록 하는 것이다. 대개 리더십에서는 이러한 기술을 강조한다. 이를 위해서 리더들은 개개인과 신뢰 관계를 맺으며, 개개인을 배려하고 그들의 이야기를 경청하며 일대일로 코칭한다. 대부분의 리더십 책들은 이를 위해 필요한 리더의 마음가짐, 태도와 기술을 강조한다. 실제로 이러한 기술은 매우 필요하다. 특히 작은 기업을 이끄는 경영자나 팀장급의 중간 리더들은 이러한 방법만 잘 사용해도 자신이 맡은 조직을 움직일 수 있다.

그러나 이러한 방법에는 한계가 있다. 경영자나 리더가 한 사람 한 사람에게 에너지와 시간을 쏟아야 할뿐더러 이를 꾸준히 해야 하는데 이게 현실적으로 쉽지 않기 때문이다. 규모가 작은 조직이나 팀장급에서는 통할 수 있지만, 큰 조직에서 이 방법은 지속하기 어렵다. 조직의 규모가 100명만 넘어도 이를 실행하기 쉽지 않다. 하물며 수백 명, 수천 명, 수만 명이 있는 조직에서는 어떨까? 이때는 다른 방법을 써야 한다. 그 방법은 바로 조직 전체를 움직이는 것이다.

사람들은 개인을 움직이는 것보다 단체를 움직이는 것이 훨씬 어렵다고 생각하지만 꼭 그렇지만은 않다. 노련한 리더들은 개개인을 움직이는 것보다 군중을 움직이는 것을 더 쉽게 여긴다. 특히 정치인들이나 종교지도자 중에는 군중을 움직이는 데 능숙한 사람들이 많다. 개인적으로는 매우 샤이shy하고 개개인의 코칭이나 설득은 잘하지 못해도 조직 전체를 다루는 데는 뛰어난 이들도 있다.

그런데 이런 사람이 많지 않은 이유는 무엇일까? 사실 기업의 팀장급 정도는 거시적으로 조직을 움직이는 방법을 배우거나 활용할 기회가 거의 없기 때문이다. 최소 임원 이상이 되어야 하는데 임원들도 기능에 집중하는 사람들은 이런 역량이 약하다. 고민하고 학습하는 CEO거나, CEO가 아니더라도 어떤 조직을 맡든 자신이 CEO인 것처럼 행동하는 이들은 대개 단체를 움직이는 데 역량이 있다. 회사만의 이야기가 아니다. 종교, 정치 등의 조직에서 핵심 리더 역할을 한 사람들도 대체로 이런 역량이 뛰어나다.

어떻게 하면 구성원을 자발적으로 움직이게 할까?

어떻게 하면 구성원을 전체적으로 움직일 수 있을까? 신호등을 한번 생각해보자. 신호등이 없었을 때 어떻게 했을까? 누군가 교차로에 와서 차들이 올 때마다 방향을 지시하고 통제해야 했다. 문제는 통제자가 자리를 비우는 순간 혼란이 다시 반복된다는 점이다. 여기에 신호등을 설치하면 어떤 일이 발생할까? 대부분의 차는 알아서 그 신호대로 움직이므로 위반하는 소수만 관리하면 된다.

예전에는 백화점 에스컬레이터마다 경고판이 있었고, 거기

200

에는 유모차나 카트를 가지고 타지 말라는 경고 문구가 적혀 있었다. 유모차나 카트를 가지고 에스컬레이터를 타다가 굴러 떨어지는 사고가 많았기 때문이다. 하지만 경고판을 붙였음에도 효과가 없었다. 다음에는 안내원들을 배치했다. 그러나 안내원을 계속 배치하는 데는 엄청난 부담과 비용이 소요되기에 이것도 지속하기 어려웠다. 결국 이 문제를 어떻게 해결했을까? 에스컬레이터의 중간에 봉을 하나 설치함으로써 문제를 해결했다. 아주 간단하지만 효과적인 문제해결 방법이다.

개개인을 코칭하고 개개인을 도와서 조직을 움직이게 하는 것은 한계가 있다. 그러므로 경영자는 조직 전체를 움직이는 방법을 찾아서 숙달해야 한다. 그 비결은 사람들이 자발적으로 움직일 수 있는 목적지와 틀을 만드는 것이다. 그러면 어떤 틀이 필요할까? 이때 필요한 틀은 다음의 5가지로 정리할 수 있다.

- 기업의 미션과 가치
- 기업의 목표와 전략
- 기업의 경영 시스템과 프로세스
- 조직 구조
- 인사체계

이타미 히로유키Itami Hiroyuki는 내가 경영하며 가장 큰 영향을 받은 인물 중 한 명이다. 경영학자인 히로유키는 '사업의 틀', '일의 틀', '인간관계의 틀'로 이를 설명하는데 위에서 말하는 5가지가 여기에 포함된다. 더 깊은 내용은 그의 책《경영자가 된다는 것》,《서른살 경영학》을 참고해 보자.

조금 다른 의견을 제시하는 책들도 있다. 패트릭 렌치오니Patrick Lencioni는《무엇이 조직을 움직이는가》에서 '기업의 미션과 가치', '기업의 목표와 전략'을 중심으로 말했다. 이와 달리 마이클 거버는《사업의 철학》에서 '기업의 경영 시스템과 프로세스'에 대해 집중적으로 말했다.

이러한 틀을 설계하는 것은 마치 훌륭한 게임을 설계하는 것과 비슷하다. 경영자는 스포츠 게임을 설계한다. 게임하는 룰과 인센티브를 설계하고 제공하는 것이다. 그러나 기업은 즐기거나 승리하는 데만 목표를 두는 것이 아니기에 조금 더 높은 차원의 철학이 필요하다. 일일이 지시하지 않아도 그 목적과 틀 안에서 구성원들이 알아서 게임을 하게 하는 것이다.

이때 설계된 체계는 다음 3가지를 달성할 수 있어야 잘 만들어졌다고 할 수 있다. 첫째, 구성원들이 자신의 유익을 향해 나가게 한다. 둘째, 구성원들이 상호 협력하도록 한다. 셋째, 앞선 두 개가 조직의 미션, 목표 달성과 연결되도록 한다. 이를 통해 모두가 승리할 수 있다. 좋은 설계는 모든 이해관계자를 윈윈win-win하게 한다. 나쁜 설계는 특정인들만 승리하게 한다. 나쁜 설계는 결국 지속가능성이 떨어진다.

기업가는 엄청난 부를 누리는데 대다수의 구성원은 희생만 한다면 이는 지속 가능하기 어려운 설계다. 역으로, 기업가나 경영자만 죽도록 고생하고 구성원들은 지시나 통제하에서 수동적으로 움직인다면 이 또한 설계가 잘못되었거나 아예 틀이 없다고 할 수 있다.

여기서 말하고자 하는 핵심은 구성원이 자신을 희생해서 조직의 목표를 달성케 하자는 게 아니다. 각자가 자신의 이기심을 추구하는 과정에서 기업의 목표가 자연스럽게 달성되는 구조여야 한다는 뜻이다. 이때 말하는 이기심에는 돈뿐 아니라 성장, 자아실현 등이 포함된다. 모두가 최선을 다하고 협력하며 목표를 달성하고 그 역할과 책임에 맞는 적절한 보상을 받도록 하는 것이 최상의 설계라 할 수 있다.

이것을 설계하고 활용할 줄 안다면 그 경영자는 한 단계 업그레이드되었다고 말할 수 있을 것이다. 대부분 스타트업 경영자들이나 초심 경영자들은 구성원 개개인에 집중한다. 자신이 모든 개개인을 임파워empower하고 코칭하거나 관리하려 든다. 직원 수가 늘어나도 이 습관을 버리지 못한다. 직원이 수십 명이 되고, 심지어 100명이 훨씬 넘어가도 여전히 이렇게 관리하는 이들이 꽤 많다. 그러나 규모가 커지면 개개인에 집중하는 관리는 지속하기 어려우므로, 틀을 만들 필요가 있다.

구성원을 자발적으로 움직이게 하는 5가지 틀

기업의 철학과 이념

기업의 철학과 이념은 구성원들의 정신적인 틀을 만들어준다. 구성원들이 어떤 방향으로 가야 하는지, 어떤 가치를 중요시해야 하는지 등을 알게 한다. 세상에서 이를 제일 잘하는 조직은 종교 조직이다. 기업 조직 중에서도 이를 잘하는 기업들은 매우 탁월하다고 말할 수 있다. 예를 들어 구글의 구성원은 세상에 있는 정보를 조직화해 누구에게든지 접근 가능하도록 한다는 구글의 방향성을 알고 있다. 구성원들은 자신의 기업이 이 방향으로 가고 있음을 이해하고 누가 이야기하지 않더라도 자신의 일을 여기에 맞춰 정렬한다. 애플은 단순성에 자신의 일을 정렬하고, 아마존은 고객집착에 자신의 일을 정렬한다. 군인들은 국가 수호와 나라를 위한 충성에 자신의 일을 정렬한다. 선교사들은 하나님의 뜻을 전하는 데 자신의 일을 정렬한다.

그런데 흥미롭게도 우리나라 기업들은 이것을 잘 못한다. 소수 기업가, 소수 교수, 소수 리더십 코치들만 목적경영, 가치경영 등을 말할 뿐이며 이조차도 지속이 어렵다. 이와 달리 우리나라 사이비 종교 지도자들은 이걸 너무 잘한다. 잘못됨을 넘어 사악한 방향으로 발전시켰음에도 말이다. 나도 이것이 얼마나 큰 파워를 내는지 배웠다. 기업에서 배운 게 아니라

20~30대에 기독교 단체와 교회에서 리더로 일하며 배웠다.

조직의 철학과 이념을 명확히 해야 사람들을 열정적으로 움직일 수 있다. 자기 자신에게 물어보라. 당신 기업의 구성원들은 어디를 바라보고, 무엇을 지향점으로 삼으며, 어떤 가치에 우선순위를 두고 일하는가?

기업의 목표와 전략

기업의 목표와 전략은 조금 더 현실적인 사업 레벨의 방향성을 명확히 해준다. 이는 사업의 목표지점을 안내하는 설계도와 같다. 우리 기업과 조직이 되고자 하는 모습, 이루고자 하는 모습은 무엇인지, 이를 실현할 설계도는 어떠한지, 우선순위는 무엇인지 등을 나타낸다.

우리 회사는 무슨 사업을 하고 있으며, 어떤 고객에 포커싱해 어떤 방식으로 사업해서 이기고자 하는 것인가? 무엇을 차별화하려 하는가? 이런 것들을 명확히 할 뿐 아니라 구성원과 공유해야 한다. 생각해보라. 악보를 공유하지도 않고서 지휘자가 오케스트라의 하모니를 만들어낼 수 있겠는가.

흥미롭게도 많은 CEO, 경영자들은 악보를 공유하지 않는다. 구성원들은 악보가 어떻게 생겼는지도 모른 채 자기가 맡은 파트를 연주한다. 이 연주가 제대로 된 연주인지, 방향성이 맞는 것인지조차 모른 채 연주하는 것이다. 각 파트를 맡은 리더들은 그저 최선을 다해 크게 연주하라고만 한다. 이런 방식으로 경영해서는 파워를 낼 수 없다. 악보를 설계하고 공유하면 각 파트의 연주자들은 이에 기반해서 자신이 무엇을 어떻게 연주해야 할지 알 수 있다. 나아가 더 잘하기 위해 연습할 것이다. 지휘자는 이를 조율하는 역할만 해주면 된다.

기업의 경영 시스템

기업의 경영 시스템은 '고객에게 자사의 제품이나 서비스가 도달하기까지 기업이 행하는 모든 업무 구조'라 할 수 있다. 일종의 가치사슬이다. 어떤 제품을 공급하는 사업을 한다면 연구, 제품 개발, 부품 조달, 생산, 유통, 마케팅, 영업, 딜리버리, 애프터서비스 등이 가치사슬이며 이를 지원하는 각종 공통 업무들을 포함한다. 이러한 시스템이 체계화되고 매끄러운 연결이 이루어질 때 힘이 나온다. 흔히 규모가 커질수록 시스템이 필요하다는 이야기를 할 때 대개 이 경영 시스템을 말하는 것이다. 그러나 경영 시스템은 그저 만드는 것에 그치면 안 된다. 왜냐하면 이런 요소들이 없는 기업은 없기 때문이다. 문제는 이런 요소들이 얼마나 잘 짜여 있는가다.

그래서 다음의 5가지가 중요하다.

첫째, 경영 시스템은 기업의 목적-목표-전략과 얼라인되어야 한다.

둘째, 구성원들이 이러한 시스템하에서 자신이 무엇을 해야 하고 무엇을 협력할지 알게 해야 한다.

셋째, 이 경영 시스템 자체가 엄청난 경쟁요소가 될 수 있다는 점이다. 학습을 통해 이 경영 시스템은 고도화될 수 있고, 고도화될 때 훨씬 더 적은 인력과 적은 비용으로 높은 생산성을 창출할 수 있다. 따라서 개선과 혁신을 반복할 필요가 있다.

넷째, '기업의 조직 구조'는 사람을 움직이게 하는 또 하나의 큰 동인이다. 조직을 통해 보고체계가 정리되고, 기업이 무엇을 중요하게 여기는지 알게 된다. 조직 설계에 따라 정보 흐름과 위계가 완전히 달라진다. 사람들이 누구에게 보고허야 할지, 누구와 협력할지, 무엇을 중요시 여길지를 가르쳐준다. 정치 역학 또한 여기에서 나온다. 조직이란 생각나는 대로 아무렇게나 짜는 게 아니다. 조직 구조는 주기적으로 흔들 필요가 있다. 그래야 고인물이 되지 않는다.

다섯째, 인사 시스템이다. 인사 시스템에는 여러 가지가 포함된다. 하지만 목표를 설정해 모니터링하며 성과를 측정하고, 피드백하고 평가하며 보상하는 시스템이 필요하다. 사람들은 인센티브가 향하는 방향으로 움직이게 마련이다. 목표는 적절한가? 평가와 보상은 공정한가? 누구를 보상하는가? 어떤 때 보상하는가? 놀고 있는 사람들은 모니터링되는가? 어떤 사람들이 승진하는가? 이러한 것들은 사람들을 열정적으로 움직이게 하기도 하고 무기력하게 만들기도 한다.

초기에는 이러한 틀이 그다지 필요하지 않다. 창업자나 리더들이 한 명 한 명 설득하고 코칭하면서 목표를 향해 나아갈 수 있다. 그러나 사업이 커지고 구성원들 수가 점점 많아지면 이들을 거시적으로 움직이는 틀 없이는 감당하기 어렵다. 물론 이 5가지 틀을 제대로 만들고 운용한다는 것도 쉬운 일은 아니다.

다른 기업에 잘 맞는 틀이 우리 기업에도 잘 맞는다는 보장은 없다. 최상의 실행과 연구 결과를 반영하되 자신의 기업에 접목시키고 실험하며 효과성을 모니터링하면서 계속 진화시켜나가야 한다. 그러나 미션 등의 철학은 가급적 흔들리지 않는 것이 좋다. 창업가나 기업가들이 처음에 이런 틀을 만들기는 어려울 것이다. 사실 나 같은 사람에게는 개개인을 코칭하고 설득하는 것보다 이런 틀을 만드는 게 더 쉽다. 그러므로 이 또한 학습과 훈련, 경험이 필요한 영역이다.

현장에서는 초기 그리고 이후 큰 변화 단계별로 적합한 능력을 지닌 사람을 영입하거나 자문을 통해 도움을 받으며 학습하고 진화시키는 것이 좋다. 또한 초기에 아무리 잘 설계하고 운영하더라도 시간이 지나면서 점점 원칙은 희미해지고 통제는 강해지며 인센티브의 효력은 떨어진다. 그것이 조직의 법칙 중 하나다. 그러니 한 번 세팅되었다고 안심해서는 안 된다.

Core
Contents

- 경영이란 타인을 움직여 목표를 달성하는 것이 핵심이다.

- 타인을 움직이는 방법은 2가지가 있다. 개별적인 동기부여와 설득으로 움직이는 것, 구조의 틀을 통해 움직이는 것이다.

- 2가지 모두가 필요하다. 그러나 구조의 틀을 제대로 짜야 지속 가능하다.

- 구조의 틀을 짠다는 것은 게임을 설계하는 것과 같다. 어떤 목적을 향해 가야 할지, 어떻게 플레이할지, 어떻게 승리할지, 어떻게 보상할지 등을 정해야 한다. 틀을 잘 설계해서 구성원들 스스로가 자신의 유익을 향해 달려 나가고 서로 협력함으로써 조직의 목표 달성과 연결되도록 해야 한다.

- 틀을 짜는 데는 5가지 영역이 필요하다.

① 기업의 철학과 이념: 미션과 가치

② 기업의 목표와 전략

③ 기업의 경영 시스템과 프로세스

④ 조직 구조

⑤ 인사 시스템

- 이러한 틀을 통해 사람들을 한 방향으로 움직이게 하고, 스스로 최선을 다하는 것은 물론 서로 협력해 목표를 달성하게 한다. 이를 통해 모두가 윈윈하게 한다. 여기에 미시적 레벨에서의 개개인에 대한 관심과 임파워, 코칭을 더한다. 이런 것들이 갖춰지면 경영자는 훨씬 적은 힘으로도 큰 조직을 움직일 수 있다.

2

사람을 움직이는 인센티브의 힘과 성과지표의 배신

"인간의 선의에 기대지 말라"

○

한 최고경영자는 이런 질문을 했다. "임직원이 알아서 먼저 일하고 솔선수범하며 서로 도우면 좋을 텐데요. 내 맘 같지 않습니다. 다 이기적이기만 합니다. 자신의 것만 챙길 생각을 하지 회사 전체를 생각하지 않아요. 성품이 좋은 직원을 뽑으면 해결될까요?"

이에 관한 대답은 다음 이야기로 갈음하려 한다. 이른바 '호송되는 죄수의 죽음을 줄인 방법'이다. 과거 영국은 호주를 정복한 후 호주에 인력을 보냈는데, 호주에 가려는 영국인이 별로 없었다. 그러자 영국 정부는 죄수들을 호주에 보내기로 했다. 죄수에게 자유를 조건으로 내걸며 호주를 개척하도록 한 것이다. 그런데 호주에 가기도 전, 배를 타고 가는 도중에 많은 죄수가 죽었다. 호송 인원 4,082명 중 498명이 죽었고, 또 한 번은 424명 중 158명이 죽었다. 이에 아무리 죄수라도 이런 죽음은 가혹하다며 영국 내 여론이 들끓었다.

왜 이런 문제가 생겼을까? 영국 정부에서 분석한 이유에 따르면 많은 죄수가 배 안에서 굶거나 병들어 죽었다. 영국 정부는 충분한 식량과 약품을 지원했음에도 사망자 비율은 줄어들지 않았다. 자세한 내막을 알아보니 선장들이 죄수에게 돌아갈 식량과 약품을 빼돌려 팔았다. 선장 입장에서는 죄수가 죽을수록 자신의 이득을 더 챙길 수 있었기에 죄수의 죽음을 방치했던 것이다. 그 후 영국 정부는 호송선에 신앙심이 깊은 선장을 배치했다. 그러나 결과는 그리 다르지 않았다. 인권 감시관까지 뒀지만 상황은 나아지지 않았다.

결국 영국 정부는 다른 아이디어를 냈다. 그것은 선장의 보수 조건을 바꾸는 것이었다. 선장의 보수를 출항 시 죄수 수가 아닌 호주 땅에 도착하는 살아 있는 죄수 수로 계산하기로 한 것이다. 결과는 어떻게 바뀌었을까? 놀랍게도 422명 호송자 중 사망자는 단 한 명이었다. 선장은 자신의 보수를 위해 그들이 죽지 않게 최선을 다했다.

선의가 문제를 해결하지는 못한다

우리는 자꾸 인간의 '선의'에 기대 문제를 해결하려 한다. 그러나 불행히도 이런 문제해결 방법은 잘 통하지 않는다. 한국에서는 커닝하는 학생이 미국에 가면 커닝을 하지 않는다. 왜일까? 한국에서는 커닝해도 넘어가는 경우가 많지만 미국에서는 퇴학당하기 때문이다. 미국에 가면 더 도덕적인 사람이 되는 것도 아니고 서양인이 동양인보다 더 도덕적이어서도 아니다. 강력한 처벌 시스템이 있기 때문이다.

많은 이가 '사람은 탐욕적이고 악하다'며 실망한다. 선한 인격이나 선의를 가진 사람이 많아져야 세상 문제를 해결할 수 있으리라 본다. 경영자 중에도 이런 사람이 많다. '왜 구성원들이 자기 것만 챙길까?' '왜 구성원들이 회사 전체를 생각하지 않을까?' '기껏 키워놓았더니 배신하고 다른 회사로 옮기는 것일까?' 이런 의문을 품으면서 말이다.

그러나 사람은 대부분 특별히 선하지도 특별히 악하지도 않다. 그저 자신에게 가장 이득이 되는 방향을 선택할 뿐이다. 사람은 누구나 이기적이다. 이는 당연하다. 이기심은 중립적이다. 그것을 선한 방향으로도 악한 방향으로도 이끌 수 있다. 그것이 바로 경영자와 사업가의 역할이다. 이건희 회장은 "인센티브는 인간이 만든 가장 위대한 발명품 중 하나이며, 자본주의가 공산주의와 대결해서 승리한 비결이다."라고 말한 적이 있다. 너무도 맞는 말이다.

어떤 사람들은 내게 이런 말을 한다. "그럴 리가요. 슈바이처Albert Schweitzer, 테레사 수녀Mother Theresa of Calcutta뿐 아니라 많은 자선사업가, 선교사, 사회운동가들은 모두 이기심 없이 사셨잖습니까? 작가님도 이기적이지 않은 것 같은데요. 지혜를 SNS와 매체에 글로 남겨주시고, 찾아가면 만나도 주시고 질문에 답도 해주시잖아요." 천만의 말씀이다. 이 모든 활동들은 내가 이타적이라서 하는 게 아니다. 나 또한 그렇게 함으로써 유익을 얻기 때문에 그런 행동을 하는 것이다. 이러한 활동을 통해 나는 사람들의 인정을 받고 자부심을 느낀다.

사람들은 이기심이 물질적인 것에 한정된다고 오해하는데 돈이 아닌 다른 요소들도 포함된다. 칭찬, 인정, 자아실현, 명예, 관계 이런 것들도 다 이기심 안에 포함되어 있다. 아무것도 얻지 않고서 무언가를 하는 사람이 과연 있을지 모르겠다. 여기까지 납득한 독자라면 아마도 이런 결론을 낼 수 있을 터다. 첫째, 사람은 특별히 선하지도 악하지도 않구나. 둘째, 사람은 이득이 되는 방향으로 선택하는구나. 셋째, 조직에 이득이 되는 방향에 사람의 이득이 연결되도록 인센티브 시스템을 잘 설계하면 되겠구나.

그런데 이 중에서 셋째 결론이 현장에서는 그리 간단하게 풀리지 않는다. 왜 그런지 코브라 이야기로 부연 설명을 해볼까 한다. 영국이 인도를 통치할 당시 맹독성 코브라 때문에 인명 피해가 많았다. 이에 정부에서는 코브라를 잡아오면 상금을 주었다. 이 정책이 시행되자 사람들은 인센티브를 받기 위해 코브라를 잡아오기 시작했다.

초기에는 이런 방법이 매우 성공적으로 보였다. 그런데 시간이 지나면서 코브라가 줄기는커녕 점점 늘어나는 게 아닌가. 알고 보니 코브라가 돈이 된다는 생각에 사람들이 아예 코브라를 사육하기 시작한 것이다. 코브라 농장이 생기고 코브라 숫자는 점점 증가했다. 인센티브가 예상치 못한 역효과를 낸 것이다.

이와 관련해 제리 멀러의 《성과지표의 배신》, 마야 보발레의 《인센티브와 무임승차》라는 책을 보면 재미있는 사례들이 나오는데, 몇 가지를 소개해볼까 한다.

인센티브가 긍정적 결과만 가져오는 것은 아니다

사례 1

뉴욕병원에서 수술 도중 사망하는 환자 수를 줄이기 위해 의사들에게 수술 도중 사망하는 비율이 일정 수준을 넘으면 벌점을 부여했다. 그러자 사망률이 매우 줄었다. 그러나 다른 부작용이 나타났다. 불행히도 심각한 상태의 환자의 경우 의사들이 수술을 꺼려해 환자들이 수술실이 아닌 입원실에서 죽어나가기 시작했다.

사례 2

패스할 때 골을 잘 빼앗기는 선수에게 패스 시 공을 빼앗길 때마다 벌점을 내도록 하자 그 선수는 상대 팀에 잘못 패스하는 일이 확실히 줄어들었다. 그런데 같은 팀 선수에게도 패스하지 않는 문제가 생겼다.

사례 3

호주 정부가 연구소에 대한 재정 지원을 학술지에 게재된 논문 수와 연계했다. 그러자 발표 논문 수가 증가하기 시작했지만 각 논문이 다른 논문에 인용되는 건수는 줄어들었다. 이 유인즉슨 양은 늘었지만 질은 저하된 것이다.

사례 4

미국 일부 주에서 교도소를 민영화하자 경비가 10프로 낮아졌다. 그러나 민간교도소에서 죄수와 간수 간 물리적 충돌은 4~10배 이상 증가했다. 비용은 절감했지만 죄수 교화라는 교도소의 근본적 목적에서는 점점 멀어지기 시작했다.

기업 현장에서도 이러한 일은 흔하게 발생한다. 매출을 초점으로 인센티브를 설계하면 지금은 규모가 작지만 미래에 발전 가능성이 있는 사업은 신경 쓰지 않는다. 이익을 초점으로 인센티브를 설계하면 투자를 줄이거나 필요한 비용까지 줄여서 미래에 그 대가를 치르게 된다. 큰 금전적 인센티브에 현혹된 경영자들이 구성원들을 괴롭히거나 탈법, 불법의 행동을 저지름으로써 회사를 위험에 빠뜨리기도 한다. 이처럼 인센티브를 제대로 설계하는 것은 생각 외로 쉽지 않다.

특히 많은 경영자가 인센티브를 물질적인 것으로 한정하는 경향이 있는데 이 경우 예상치 못한 위험에 직면할 수 있다. 행동경제학이나 심리 연구들이 발견한 몇 가지 핵심 인사이트는 다음과 같다.

첫째, 자발적인 동기에 의해서 열정을 쏟는 사람들에게 돈을 지불하기 시작하면 오히려 그 자발적 동기가 사라진다. 대형 교회에 가보면 사회적으로 유명한 신도들도 예외 없이 주차 안내 봉사나 주일학교 교사 등을 한다. 이들에게 수고비를 주면 어떤 일이 벌어질까? 회사에서 자발적으로 좋은 아이디어를 내고 동료들에게 기여하는 직원이 있으며, 이를 통해 동료들의 인정을 받고 있다. 이 사람에게 기여 건수로 돈을 주기 시작하면 어떤 현상이 벌어질까?

둘째, 페널티로 돈을 지불하게 하면 도덕적 책임감이 사라진다. 한 심리학자가 발견한 내용이다. 유치원에 아이들을 맡기면서 부모들이 가끔 늦는 경우가 있었다. 이에 유치원 교사는 늦은 시간만큼 벌금을 부여했다. 그러자 어떤 현상이 나타났을까? 과거에는 늦으면 미안해하던 부모들이 더 이상 미안해하지 않았다. 그리고 아예 더 늦게 오는 일이 잦았으며, 돈을 내면서 떳떳해했다.

셋째, 사람은 얻는 것보다 잃는 것에 더 큰 충격을 받는다. 10을 빼앗기거나 잃으면 심리적으로는 −10 이상, 다시 말해 −15만큼의 충격을 받는다는 것이다. 사람은 얻는 것보다 빼앗기고 손실을 당하는 것에 더 예민하다. 이는 심리학자로서 노벨경제학을 받은 대니얼 카너먼Daniel Kahneman 교수가 밝혀낸 통찰이다. 그러므로 무언가 주었다가 빼앗으면 그 반발은 훨씬 커진다. 이런 이유로 보상이나 복지 등은 한번 정하면 줄이거나 후퇴하기 어렵다.

넷째, 보상이 정례화되면 그것을 더 이상 보상으로 느끼지 않는다. 무언가를 정례화하는 것은 매우 신중해야 한다.

다섯째, 뒤늦은 보상은 효과가 크지 않다. 또한 '~하면 ~해줄게'라는 조건적 인센티브도 생각만큼 효과가 크지 않다.

여섯째, 물질적 보상만큼이나 자율, 성장, 도전, 소속감, 인정, 공헌감 등을 느낄 수 있는 심리적 인센티브도 중요하다. 인간에게는 성장, 도전뿐 아니라 공동체 부족의 일원으로 공동체에 기여하고자 하는 근본 욕구가 있다. 돈의 보상과 달리 이러한 보상은 창의력과 노력을 필요로 한다. 창의력을 발휘해서 진정성을 갖고 최대한 기념하고 인정하라.

그러므로 자발적 헌신이 있는 곳에 돈을 개입시키는 것은 어리석은 행동이다. 또한 정기적인 복지나 물질적인 보상은 한번 만들어지면 절대 후퇴하기 어렵기에 주의해야 한다. 물질적 보상을 만들면, 동일한 성과를 창출하는데 보상이 감소할 경우 사람들은 오히려 최선을 다하지 않는다. 물질적 보상만큼 심리적·내재적 보상이 중요하다.

인센티브의 한계와 부작용을 이해하고 집행하라

만들지 않아도 문제, 만들어도 문제라면 도대체 어쩌라는 것인가? 흥미롭게도 나 또한 그랬다. 공동창업을 할 때 그리고 기업에서 경영자로 일했을 때 기업 규모가 작은 초기에는 KPI니, OKR이니, 인센티브니 하는 것을 만들지 않았다. 그냥 큰 목표를 정하고 함께 힘을 합쳐 최선을 다해서 일했고 연말에 성과가 있으면 나누었다. 그뿐이었다. 그럼에도 성장과 인정, 자율이 있었기에 다들 최선을 다하고 열심히 일했다.

그러나 조직의 규모가 커지고 사람들의 수가 많아지면서 이러한 방식은 지속되기 어렵다는 것을 알게 되었다. 특히 회사와 오너, 주주는 잘되는데 구성원들은 그에 걸맞은 대접을 받지 못한다는 생각이 구성원들 사이에 퍼지면 사람들은 최선을 다하지 않는다. 또한 때로 금전적 인센티브 자체가 성과향상에 크게 효과가 없을지라도, 경쟁기업에서 인센티브제를 시행할 경우 구성원들은 상대적 박탈감을 느낀다.

완벽한 답은 없다. 조직에 따라 지표와 보상을 연결시키지 않기도 하지만, 그럼에도 적절한 성과지표와 이에 연계된 인센티브 설계는 조직의 규모가 커지면 커질수록 중요하다. 다만 성과지표를 설계하고 실행할 때 경영자들은《성과지표의 배신》,《인센티브와 무임승차》등의 책에서 제시한 다음과 같은 통찰을 기억할 필요가 있다.

- 성과지표의 도입은 일의 궁극적인 목표보다도 지표 자체의 달성에 더 신경 쓰게 만든다. 일에 대한 열정과 역량을 지표 자체 결과를 만드는 데 쓰게 할 수 있다.
- 단기적 성과지표를 도입하면 직원은 이와 무관한 고객, 품질, 장기적 성과에는 신경 쓰지 않는다.
- 세부적이고 상세한 지표일수록 효과적일 것 같지만 불행히도 지표를 통해 목표를 이루는 것이 아니라 지표가 목표를 지배할 위험이 있다.
- 어떤 사람들은 시스템을 교묘하게 우회하거나 악용하기 위한 방법을 궁리한다는 사실을 기억하라. 때로는 당신이 상상도 못 한 방법을 사용한다. 그러나 그들의 잔머리를 비방하고 그것을 모두 막으려(그러면 누더기가 된다. 공공의 지원금이나 보조금 등의 정책들을 보라.) 하기보다는 독창성을 인정하라.
- 예상치 못한 부작용이나 당신이 목표한 바와 크게 빗나가는 반응이

나온다면 다른 접근법을 시도하라.

- 가급적 구성원들이 서로 경쟁하는 틀이 아니라 서로 협력할 수 있는 틀로 변화시킬 수 있는 인센티브를 고안하라. 연구에 의하면 통념과 달리 직원들 간 보상의 격차가 큰 조직의 성과가 격차가 작은 조직에 비해 좋지 않으며, 구성원 개인 간 상대적 경쟁을 통해 일정 파이를 나누는 제로섬 평가는 그리 효과적이지 않다. 그럼에도 기업 현장에서는 평가의 관대화, 승진 대상 인력 선정 등을 이유로 적용되지 않는 경우가 많다.
- 자신이 좋아서 스스로 나서거나 내적 만족감으로 일하는 경우 어중간한 보상을 주면 오히려 일하고 싶은 마음이 사라진다는 것을 기억하라. 외적 보상을 맹신하지 마라.
- 지표의 진정한 유용성은 사람을 평가하는 데 초점을 두지 않고 과정을 측정하고 개선시키는 데 초점을 둔다. 지표는 가시적인 데이터를 향상시키고 지식을 객관화한다.
- 쉬운 일은 아니지만 목적을 깊이 생각하고 이 목적과 일관된 지표를 정하려 노력한다.
- 비행기 계기판이 파일럿을 대신해 운전하는 것이 아니다. 계기판만 보지 말고 사람을 직접 관찰하고 현장을 살펴보라.

인센티브 계획을 설계하되 한계와 부작용이 있음을 분명히 인식하라는 것이다. 책상에 앉아 지표에 매몰되지 않고 사람과 현장을 꾸준히 관찰할 필요가 있다. 또한 한번에 모든 것을 잡으려는 시도는 실패할 가능성이 높다. 균형을 잡는답시고 많은 지표, 개개인이 통제할 수 없는 지표들을 이것저것 때려 넣는 것은 비효과적이다.

지금 가장 중요한 것이 무엇인지 판단하고, 흐름을 만들기 위한 부분에 초점을 맞춰 단순하게 인센티브를 설계하라. 그런 후 조금씩 바꿔나가며 균형을 잡아가면 된다. 물론 조직이 속한 산업과 경쟁 환경에 따라 달라지지만 일반적으로 규모가 작은 사업 초기에는 평가지표니 인센티브니 하는 것이 없는 편이 오히려 나을 수도 있다. 개인의 역량이 사업에 큰 영향을 미치지 못하는 산업의 기업들에서는 개별적 경쟁과 보상이 오히려 역효과를 낸다. 사후에 보상하고 성과금을 비슷하게 나누어 개개인별 차등을 크게 두지 않는 편이 낫다는 것이다. 사람은 절대적 빈곤보다 상대적 빈곤과 공정에 더 예민하므로 이런 부분을 자극하지 않는 게 좋다. 초기에는 인센티브보다 팀워크를 만드는 것이 더 중요하다.

Core
Contents

- 사람은 특별히 선하지도 악하지도 않다. 사람의 선의와 이타심을 기대하는 것은 사람을 잘 이해하지 못한 것이다.

- 사람은 이득이 되는 방향으로 움직인다. 그 이기심을 자극하는 것이 인센티브다.

- 인센티브란 꼭 물질적인 것을 의미하는 것은 아니다. 내적 동기 또한 중요한 인센티브다.

- 성과지표와 인센티브는 사람들을 움직이지만 설계자의 생각과 전혀 다른 방향으로 움직이게 할 수도 있다.

- 그러므로 인센티브와 지표를 사용하되 이에 매몰되지 말고 사람과 현장을 관찰하라.

3

동기부여라는 환상과 미신
그리고 5가지 착각

**"동기는 외부에서 심어주는 게 아니라
내면에서 발현되는 것이다"**

○

리더나 경영자들이 내게 가장 많이 하는 질문 중 하나는 "우리 구성원들에겐 동기가 없는 것 같아요. 어떻게 동기를 부여할 수 있을까요?"이다. 많은 사람이 다음과 같은 관점을 가지고 있다. 첫째, 동기는 있는 사람과 없는 사람으로 나누어져 있다. 둘째, 동기가 없는 이들에게는 누군가가 동기를 부여해주어 동기를 갖도록 해주어야 한다.

동기부여에 대한 착각, 동기는 남이 부여해주는 게 아니다

경영자들의 첫 번째 착각은 '동기가 없는 사람이 많다. 우리가 그들에게 동기를 부여해주어야 한다'는 것이다. 동기의 뜻은 무엇일까? 동기란 '행동을 일으키게 하는 요인', '인간의 활동을 만들어내는 것'이라는 뜻을 지녔다. 그러면 인간의 동기란 어떻게 생기는 것일까? 인간의 동기는 인간의 감정과 욕구, 신념 등에서 생겨난다. 동기가 없는 인간은 없으며, 동기가 없다면 행동할 수가 없으므로 죽음만이 기다리고 있을 뿐이다. 그러므로 모든 인간에게는 동기가 있다.

그럼 없던 동기를 누군가가 주는 것일까? 그럴 리 없다. 인간 안에는 동기가 내재되어 있지만 어떤 사람은 그것이 크게 드러나 있고 어떤 사람은 껍질에 싸여 숨겨져 있다. 혹은 어떤 사람은 A라는 동기가 크고, 어떤 사람은 B라는 동기가 더 크다. 그러므로 동기에 대해서는 이런 관점을 가질 필요가 있다. 모든 사람에게는 동기가 있다. 리더나 경영자는 동기를 주는 것이 아니라 이미 가진 동기를 자극하고 불러일으킨다. 나는 코칭에서 사용하는 '이보크_evoke_'라는 표현을 좋아한다. 우리말로는 '환기시키다', '떠올려주다'로 정도로 번역되는데 이는 감추어져 있는 동기를 불러일으켜준다는 의미다.

'동기를 부여해준다'는 관점을 가지면 리더는 항상 구성원들에게 무언가 동기가 될 만한 것을 찾아서 밥 먹여주듯이 넣어주어야 한다. 그런데 누가 이걸 지속해서 할 수 있겠는가. 지속 가능하지 않기에 이것은 비현실적이다. 인간은 기계나 애완동물이 아니다. 인간은 스스로 동기를 지니고 있다. 따라서 리더는 이 동기를 일깨워 조직의 비전과 목표에 연결시켜줘야 한다. 이를 통해 구성원이 스스로 동기부여되는 것은 물론, 최선을 다하게 하는 것이다. 그러므로 타인이 '동기를 부여한다는 것'은 환상이다.

동기는 어떻게 불러일으켜지는가? 동기는 가르쳐서 발현되는 것이 아니다. 대개는 당신이 어떤 강한 열정을 발산하고, 그것이 상대에게 전염되어 상대의 내면에 자리하고 있던 동기와 공명함으로써 불러일으켜진다.

예를 들어보자. 어떤 미션에 대한 강렬한 뜻과 열정이 당신의 말과 행동에서 발산된다. 이때 누군가 그와 유사한 열정을 지닌 사람이 있다면 설령 그것이 감추어져 있다 해도 당신이 뿜는 열정과 공명되어 그 사람의 열정도 끌어올려진다. 그러므로 당신이 미치면 당신이 미치라고 하지 않아도 주위의 많은 사람이 미치게 된다. 그러나 당신이 아무런 열정도 보여주지 않으면서 주위 사람들에게만 미치라고 한다면, 당연히 사람들의 열정이 발산될 리 없다.

특별한 이론이나 법칙을 몰라도 주위 사람들을 에너지 넘치게 만드는 사람이 있다. 반면 머릿속에 넘치는 지식이 있어도 주위의 단 한 사람도 움직이지 못하는 사람이 있다. 이것은 바로 스스로가 먼저 신념과 열정을 갖고 있느냐 아니냐의 차이다. 스스로 신념과 열정을 지니지 못했으면서 주위 사람들이 자발적 열정으로 움직여주기를 바란다는 것은 불가능을 꿈꾸는 것이다. 인텔의 CEO였던 앤드루 그로브는 이렇게 말했다. "동기부여를 위해 회사나 상사의 도움이 필요하다면 그 사람은 프로가 아니다. 프로는 스스로 동기를 부여한다. 리더가 진심을 다해 열정적으로 이끌어도 구성원 스스로가 동기를 찾지 못하면 어쩔 수 없다. 동기부여는 상사와 회사의 문제가 아니라 개인의 문제다."

어떤 사람은 '관점'을 다르게 갖는다고 해서 무슨 차이가 있겠느냐고 한다. 그러나 '관점'의 차이는 매우 중요하다. '구성원들이 동기가 없으니 내가 부여한다'는 관점과 '구성원들에겐 동기가 있으나 단지 발현되지 못한 것을 내가 일깨우는 역할을 한다. 동기는 스스로의 책임이다'라는 관점의 결과는 매우 다르다. 어떤 관점이 사실이냐는 중요하지 않다. 내가 어떤 관점을 선택하느냐가 더 중요하다. 선택은 당신에게 달렸다.

두 번째 착각, 사람을 움직이려면 당근과 채찍이 필요하다

경영자들이 동기부여에 대해 하는 두 번째 착각은 사람들을 움직이려면 당근과 채찍 전략이 최선이라고 믿는 것이다. 경영자들이 원하는 것은 무엇인가? 구성원들이 목표에 헌신하고 지속적으로 스스로 움직이는 것이다. 이를 위해 많은 경영자가 당근과 채찍을 사용한다. 물론 당근과 채찍은 당장 효과를 나타내는 데 유효하기에 적절히 사용할 필요가 있다. 그러나 심리학 연구에 의하면 기계적인 업무나 흥미롭지 않은 업무에는 채찍과 당근이 효과가 큰 반면, 창의적이고 발전적인 업무에는 효과가 별로 없음이 밝혀졌다. 지속적인 효과를 보려면 점점 강도가 높아져야 한다. 단기적으로는 효과가 있는 듯 보이지만 지속 가능한 전략은 아님이 밝혀진 것이다. 사람은 고래도 당나귀도 아니다.

그러면 진짜 비결은 무엇일까? 앞서 사람들은 스스로 동기의 원천을 가지고 있다고 했다. 그것을 편의상 '욕구'라고 하자. 그러면 사람들은 어떤 욕구를 갖고 있을까? 이를 알기 위해 경영자들이 심리학을 전공할 필요까지는 없다. 내가 쓴《거인의 리더십》에서도 밝혔지만, 나는 경영자나 리더들이 '매슬로의 욕구 5단계'만 이해해도 충분하다고 생각한다.

손오공은 뛰어난 능력을 가졌지만 아무리 움직여도 '부처님 손바닥'을 벗어나지 못했다. 나는 매슬로의 욕구 5단계가 부처님 손바닥이라고 생각한다. 매슬로의 피라미드만 제대로 이해하면 인간이 무엇에 의해 움직이는지 충분히 알 수 있기 때문이다. 사실 여기에서 벗어날 수 있는 인간은 없다. 매슬로의 욕구 5단계는 인간의 욕구를 계층화했으며, 인간은 이 욕구를 채

우기 위해 움직인다고 설명했다.

매슬로의 욕구 5단계를 피라미드 형태로 옮기면 아래 그림과 같다. 먼저 가장 아래를 보자. 첫 번째는 '생리적 욕구'다. 기본적인 의식주를 유지하고자 하는 욕구가 여기에 해당한다. 두 번째는 '안전의 욕구'다. 안전, 복리후생, 실직의 두려움에서 벗어나려는 욕구다. 세 번째는 '사회적 욕구'로 이는 관계와 관련된 것이다. 네 번째는 '존경의 욕구'로 승진, 보상 등을 원하는 욕구다. 다섯 번째는 '자아실현의 욕구'로 더 높은 목표와 성취감, 자부심, 영향력, 의미, 목적, 자율 등에 대한 욕구다.

매슬로의 욕구 5단계 피라미드

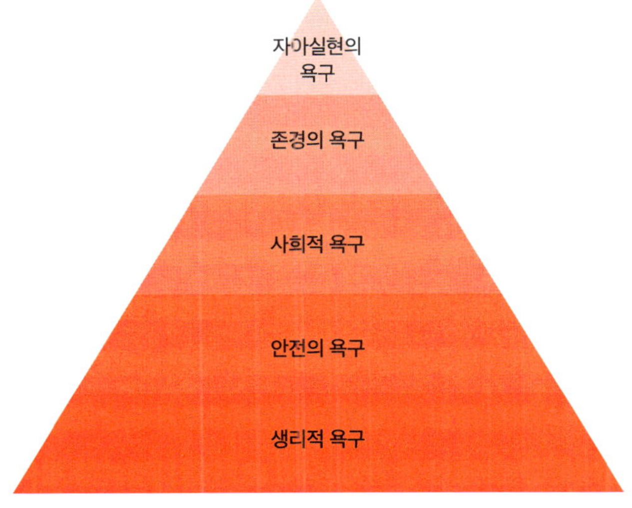

인간을 움직이는 요소들은 매슬로의 욕구 5단계 안에 다 포함되어 있다. 매슬로는 아래의 욕구가 채워져야 위의 욕구로 오를 수 있다고 했지만, 그 이후 연구들에 의하면 꼭 그렇지는 않다고 한다. 대개의 경우 아래의 욕구가 채워지지 않았을 때 위의 욕구로 향하기는 어렵지만, 그럼에도 사람은 다양한 욕구를 동시에 추구하는 경우가 많다는 것이다.

기업의 목표를 향해 사람들이 강렬하고 지속적으로 움직여 성과를 창출해내길 원하는 경영자들의 바람에 대한 해답이 여기에 있다. 사람을 움직이는 비결을 전하는 각종 경영 베스트셀러들의 내용도 찬찬히 읽어보면 매슬로의 욕구 5단계서 벗어나지 못한다. 다니엘 핑크Daniel Pink는 목적, 자율, 숙련(《드라이브》)이 필요함을 말했다. 대니얼 코일Daniel Coyle은 여기에 안전, 관계(《최고의 팀은 무엇이 다른가》)를 더했다. 댄 애리얼리Dan Ariely 또한 관계와 의미(《마음이 움직이는 순간들》)가 중요하다고 했다.

어떤 경영서, 어떤 리더십 책을 읽든 사람들을 강렬하고 지속적으로 움직여서 성과를 창출해내는 비결은 공통적이다. 공통적으로 도출할 수 있는 키워드는 '인정, 관계, 성장, 의미, 자율, 성취, 의미, 목적'이다. 이로써 "어떻게 사람들에게 동기를 부여하나요?"라는 질문에 대한 답은 이미 나왔다. 이제 필요한 것은 이 단어들을 기업에서 경험할 수 있도록 도와야 한다는 것이다.

특히 '성장, 관계, 자율, 인정, 의미' 이 5가지 단어를 기억하시라. 앞으로는 "어떻게 사람들에게 동기를 부여하나요?"라는 질문을 다음과 같이 바꾸어야 한다.

"어떻게 구성원들의 성장을 지원할까?"

"어떻게 동료와 더 좋은 관계를 만들어줄까?"

"어떻게 하면 구성원들의 자율적인 판단과 권한을 더 증가시킬 수 있을까?"

"어떻게 해야 구성원들을 더 인정해줄 수 있을까?"

"우리는 어떤 의미로 일하고 있는가?"

기업과 조직에서 구성원의 의욕과 동기를 빼앗는 가장 결정적 방법은 무엇일까? 댄 애리얼리는 《마음이 움직이는 순간들》이라는 책에서 영화 〈라스트 캐슬〉의 교도소 장면을 언급하는데 여기서 답을 찾을 수 있다.

영화에서 로버트 레드포드는 징역 10년 형을 선고받은 3성 장군 유진 역을 맡았다. 리더십이 있었던 그는 수감 후 재소자 처우에 관해 교도관에게 항의하고 불복종으로 벌을 받는다. 벌은 마당 한쪽의 큰 돌무더기를 다른 한쪽으로 옮기는 것이었다. 그가 하는 힘든 작업을 재소자들도 지켜보고 있었다. 유진 중장은 몇 시간의 사투 끝에 건너편으로 돌을 옮기는 데 성공했다. 재소자들은 그의 성취에 환호했다. 여기까지만 보면 해피엔딩으로 보이지만 여기서 끝이 아니다. 얼마 후 교도관은 유진 중장에게 기껏 옮겨놓은 돌무더기를 다시 원위치시키라고 명령한다. 그는 해가 질 때까지 돌을 원래의 자리로 다시 옮겨놓는다. 그러나 이번에는 그 누구도 환호하지 않았다.

왜 그랬을까? 진짜 고통은 무거운 돌을 옮기는 행위가 아니라 그 행위의 목적이 상실되는 것이다. 교도관은 이 일의 의미를 상실케 함으로써 장군이나 재소자들이 더는 성취감을 느낄 수 없게 만든 것이다. 그래서 '의미 없는 일을 반복하게 하는' 시시포스sisyphos의 형벌이야말로 업무 현장에서 구성원들의 의욕을 빼앗는 가장 큰 무기다. 지속적인 열정을 갖고 일하게 하는 비결은 단순하다. 일에 뜻과 목적이 있어야 하며, 일할 때 최대한 자율과 권한을 부여하는 것이다. 이를 통해 성장하게 돕고 일과 성취에서 의미를 느끼며 결속감을 느끼게 해야 한다.

어떤 조직이 이것을 제일 잘할까? 바로 종교 조직이다. 얼마 전 나는 불가리아에 출장을 다녀왔다. 사실 불가리아, 루마니아, 알바니아 등의 지역에 처음 진출한 한국인들은 선교사들이라고 한다. 그 이야기를 들으며 문득 이런 생각을 했다. 선교사는 돈도 명예도 바라지 않으면서 목숨을 건 행동을 하는데, 대체 왜일까? 자신들의 일에 대한 의미를 믿기 때문이다. 같은 신념을 가진 사람들과의 결속력이 그들을 단단하게 묶어주고 힘을 준다.

나 또한 마찬가지였다. 과거 나와 우리 멤버들은 지분이 단 1주도 없는 기업에서 10년 이상을 마치 오너라도 된 것처럼 미친 듯이 일했다. 그 결과 50명의 직원이 800명으로 성장하는 기적을 경험했다. 회사에서 주말을 보내고 밤샘을 했지만 연봉도 그다지 신경 쓰지 않았다. 누가 그렇게 하라고 시킨 적도 없다. 그냥 자발적 열정으로 일에 매진했다.

그 이유는 무엇이었을까? 무에서 유를 창조한다는 데 의미가 있었고, 무엇보다 자율이 있었다. 회사가 변화하고 성장하는 모습에서 성취의 기쁨을 느꼈다. 그것이 나와 우리 팀을 이끌었다. 그러나 그런 열정은 영원하지 않았다. 회사가 커짐에 따라 주주사가 우리의 자율을 약화시키고 통제하기 시작하자 우리도 힘이 빠지기 시작했다.

세 번째 착각, 돈이 동기부여의 핵심이다

'돈이 동기부여의 핵심이다. 돈을 더 주면 더 뛰어난 성과를 낼 수 있다.' 이는 경영자들이 흔히 하는 착각이다. 여전히 이걸 진리로 믿고 이렇게 말하는 이들도 있다. "의미와 자율이 열정을 일이킨다고요? 그거 다 이론입니다. 아무리 의미가 있고 자율이 있으면 뭐합니까? 물질적 보상이 작으면 사람들은 잘 안 움직입니다. 특히 요즘 세대들은 물질적 보상이 전부입니다. 물질적 보상이 동기부여의 핵심이라고 생각합니다."

이 말이 완전히 틀렸다고 할 수는 없다. 나도 이왕이면 돈을 많이 주는 곳을 원하며, 더 많은 돈을 받기를 원한다. 그러나 우리들의 통념과 달리 돈을 많이 준다고 반드시 더 뛰어난 성과를 내는 것은 아니다. 이것은 이미 많은 연구 결과로 증명된 사실이다.

물질적 보상은 사람들을 유인하는 매우 큰 요인이다. 그러나 유인하는 것과 지속적으로 붙잡아두는 것은 엄연히 다른 것이다. 소속시키는 것과 스스로 몰입해 최선을 다하게 하는 것은 다른 이야기라는 걸 기억하자. 또한 기계적인 업무, 연산적인 업무, 흥미롭지 않은 업무의 경우 보상이 큰 효과를 발휘하지만 발전적인 업무, 창조적인 업무에는 보상의 영향이 별로 없을뿐더러 저하시키기까지 한다.

보상이 커지고 보상을 조건으로 내걸면 대개 열심히 노력한다. 그러나 이것이 꼭 성과로 연결되는 것은 아니다. 일에 대한 압박과 스트레스, 탈법이나 불법적 방법의 사용으로 오히려 뛰어난 성과에 방해되는 경우가 많다. 그뿐만이 아니다. 보상에 익숙해지다 보면 높은 보상을 잃었을 때 상실감이 커진다. 나아가 보상을 잘못하면 보상받는 일만 하려 한다.

물질적 보상은 사람을 유인하거나, 단순한 일을 더 잘하게 하거나, 특정 행동을 유도하거나, 단기적인 성과를 내는 데는 효과적이다. 하지만 사람들을 몰입하게 하고 헌신하게 하며 지속적인 성과를 내게 하는 데는 별 효과를 발휘하지 못한다는 것을 기억하자.

그러면 물질적 보상을 어떤 관점으로 봐야 할까? 물질적 보상을 어떻게 사용해야 할까? 물질적 보상에 대해서는 '돈은 동기의 원천이 아니라 성과의 척도와 마중물로 활용한다'라는 관점에서 보는 게 좋다. 그러면 돈을 주지 말라는 것인가? 그렇지 않다. 뛰어난 성과를 낸 사람들에게 충분한 돈을 지불하지 않으면, 비교의식으로 인해 동기가 상실될 수도 있고 이직할 수도 있다. 나는 돈을 보고 일하지는 않는다. 그러나 뛰어난 성과를 냈는데 그렇지 못한 사람에 비해 보너스를 적게 받는다면 동기가 매우 손상된다. 그렇다고 해서 열심히 일하지 않는 것은 아니지만 이것이 반복되면 '공정성' 심리가 발현되어 다른 생각을 할 수밖에 없다.

그러므로 성과를 낸 사람에게 충분한 보상을 해줄 필요가 있다. 보상은 '~하면 할게'라는 조건부 보상이 아니라, '이제 했으니까'가 더 효과적이다. 기억하라. 단순한 일이 아닌 이상 돈을 더 준다고 해서 성과가 향상되는 것은 아니다. 그러나 뛰어난 성과에 제대로 된 보상을 해주지 않는다면 이 또한 지속되기 어렵다.

그래서 돈을 마중물로 활용하라는 것이다. 사람을 리쿠르팅하거나 어려운 일을 맡길 때 돈을 마중물로 사용할 수 있다. 그러나 리쿠르팅된 사람이 최선을 다하게 하는 것은 돈만으로는 되지 않는다. 많은 회사에서 높은 연봉과 보너스로 뛰어난 사람을 스카우트한다. 그런데 불행히도 그 또는 그녀가 그곳에서 최고의 성과를 낼 수 있는 환경을 조성해주는 데는 관심 없는 회사가 많다. 그런 식이면 당연히 스카우트된 인력이 성과를 제대로 내지 못하거나 이탈하는 경우가 많아진다.

회사에 들어오게 하는 것과 최고의 성과를 거두게 하는 것은 다른 영역이다. 또 초기에 어떤 일을 시키는 데는 돈을 사용할 수 있지만, 일과 성과 창출을 지속하기 위해서는 돈만으로는 되지 않는다. 돈은 원인이 아닌 결과로 볼 필요가 있다.

네 번째 착각, 구성원들의 동기는 다 유사하다

경영자들 중에는 '구성원들의 동기는 다 유사하다'라는 착각을 하는 이들이 많다. '그래, 인간의 동기는 다 비슷하지. 다들 돈을 바라거나 인정을 바라거나 자율을 바라겠지. 골치 아프게 생각하지 말고 매슬로의 욕구 5단계 피라미드만 이해하자.' 이렇게 생각하는 것이다.

앞서 말한 대로 인간의 욕구는 매슬로의 피라미드 안에 다 들어 있다. 그런데 개인별로 이 욕구들에 강약 차이가 있다는 데 주의해야 한다. 그 사람의 DNA와 성향, 성격, 살아온 배경에 따라 가치와 지향점이 다르기 때문이다. 어떤 사람은 '인정'에 강력하게 움직이지만, 어떤 사람은 '관계'에 더 강하게 움직인다. 어떤 사람은 '안전'에 더 강하게 움직이고 어떤 사람은

'자아실현'에 더 강하게 움직인다. 그러므로 구성원 각각이 어디에 더 공명하는지를 알아야 그 또는 그녀의 동기를 일깨워 조직의 목표와 얼라인할 수 있다.

과거 나와 함께 일했던 구성원 중 한 사람은 소위 동기가 없어 보이는 사람이었다. 회사 생활을 열심히 하지 않았다. 자기 일만 간신히 하고 집에 가기 바빴다. 그 사람에게 동기를 어떻게 부여할지 리더들은 고민이 많았다. 그와 이야기를 해보니 그는 '종교'에 대한 가치가 매우 강한 사람이었다. '종교'의 가치가 큰 사람은 회사에서의 성취에 우선순위를 두지 않는 경향이 높다. 그러나 그는 '인정'의 동기는 강했다. 그가 필요로 하는 것은 종교에 쏟을 충분한 시간과 술 등을 강권하지 않는 문화였다. 나 또한 그러한 경험이 있었기에 그에게 종교 모임에 갈 시간을 배려해주고, 회식 참가나 술자리를 최소화하도록 배려해주었다. 그리고 그가 업무에서 창출한 성과를 인정해주었다. 그러자 변화가 일어났다. 그가 회사에서 야근하거나 회식에 참여하지는 않았지만, 일에 좀 더 열정을 쏟았고 회사에 큰 성과를 안겨주었다.

이런 사례에서 알 수 있듯이 인간의 공통적 동기를 이해함과 동시에 개개인의 동기 또한 이해하는 것이 필요하다. 이를 위해서 리더는 개개인의 비전과 가치가 무엇인지 질문하고 이해할 필요가 있다. 이에 대해서는 리더십 코치 로버트 하그로브Robert Hargrove의 말이 좋은 대답이 될 수 있다.

"CEO들은 회사의 비전과 목표에 대해 말하지만, 인간이란 존재는 조직의 비전이 아닌 자신의 비전에 헌신한다. 그런데 경영자들은 대부분 임직원의 비전에는 전혀 관심을 갖지 않고, 회사의 비전만 주입하려 한다. 이래서는 직원들이 스스로를 동기부여할 수 없다. 경영자는 임직원들 개개인이 회사에서 찾고자 하는 비전이 무엇인지 묻고 알아내라. 이를 회사의 비전과 얼라인시키고 회사에서 그것을 어떻게 실현시킬 수 있을지를 도와라. 그래야 그들의 동기가 살아나고 자신의 역량을 극대화할 수 있다."

다섯 번째 착각, 동기가 충분하면 뛰어난 성과는 자동으로 달성된다

많은 경영자가 구성원들의 동기에 신경을 많이 쓴다. 동기가 충만하면 성과는 자동으로 달성될까? 동기는 뛰어난데 역량이 부족하면 어떨까? 그럴 경우에는 마음만 앞서고 실제 일을 추진할 기술과 역량이 없어 실수하고 마무리를 짓지 못하게 된다. 이는 경영자들이 구성원의 동기뿐 아니라 역량관리 또한 같이 해야 함을 의미한다. 이를 위해서는 구성원들의 교육, 멘토링, 성장 등에 투자해야 한다. 구성원들이 성장하는 것은 개개인의 동기에도 큰 영향을 미칠 뿐 아니라 조직의 목적을 달성하는 데도 큰 도움이 되기 때문이다. 구성원의 역량이 성장하면 개인과 조직 서로에게 윈윈이다.

동기와 역량 모두 갖춰진 구성원들이 모여 있다. 그러면 자동적으로 훌륭한 성과가 달성될까? 당연히 그렇지 않다. 전쟁 영화의 멋진 장면들을 떠올려보자. 엄청난 장비로 무장된 적군의 고지에 소총만 든 군인 몇 명이 달려간다. 비 오듯 쏟아지는 총탄 속에서도 적군들을 하나둘 물리치며 나아가지만 얼마 가지 못한다. 결국 그들은 총탄 세례를 맞으며 장렬하게 전사한다. 아무리 동기가 충만한 군인들이 있어도 전력이 열세이거나 전략이 부실하면 개죽음을 피할 수 없다. 동기가 성과를 자동으로 가져올 리 없기 때문이다.

최고의 축구선수를 모아놓았지만 승리하지 못하는 것과 같다. 개인이 아무리 능력자라 해도 그들이 팀으로 싸우는 능력은 별개다. 팀이 시너지를 낼 수 있는 전략과 팀워크가 필요하다. 심지어 동기와 역량이 최고가 아니라 해도 전략과 팀워크가 훌륭하면 승리할 수 있다. 그러므로 경영자는 개개인의 동기를 조직적인 성과로 연결되게 해야 한다.

이를 위해서는 거시적인 틀이 필요하다. 조직의 목표, 전략이 명확해야 한다. 즉 구성원들의 미시적인 동기만으로는 조직이 돌아가지 않는다는 뜻이다. 구성원들의 동기가 거시적으로 흐를 수 있도록 해야 한다. 이를 위해서는 거시적인 목표, 전략, 리더십이 필요하다.

Core
Contents

●

- 동기는 다른 사람이 주는 것이 아니다. 내면에 자리한, 발현되지 못한 동기를 일깨워줄 수 있을 뿐이다.
- 사람을 움직이는 핵심 비결은 '매슬로의 욕구 5단계' 안에 다 들어 있다.
- 사람이 지속적이고 자발적으로 움직여 성과를 내는 비결은 '인정, 관계, 성장, 의미, 자율, 성취, 의미, 목적' 이 단어 안에 다 있다. '어떻게 동기를 부여할까'를 묻지 말고, '어떻게 성장을 도울까? 어떻게 자율적 권한을 확대할까? 우리가 일하는 목적은 무엇일까?'를 물어라.
- 돈은 동기의 원천이 아니라 성과의 척도와 마중물로 활용하라.
- 인간의 동기는 공통적이지만 어떤 동기가 더 강하고 더 약한지

는 개별적이다. 그러므로 개인적 비전과 가치, 욕구를 이해하라.

- 인간의 동기가 뛰어나다고 해서 성과가 자동적으로 달성되지
는 않는다. 동기와 역량이 결합되어야 한다. 거시적으로는 개개
인의 동기가 기업의 목표, 전략과 결합되어 흐를 수 있도록 해야
한다.

4

기업문화란 무엇이며
어떻게 만들어질까?

**"기업문화란 회사에서 생존하고 승진하기 위한
최적의 방식이다"**

○

최근 들어 많은 기업이 부쩍 기업문화를 고민하는 분위기다. 전통적인 대기업들의 경우 더욱 그렇다. 근무 환경의 변화, 코로나의 출현, 신세대의 등장, 디지털 전환 등의 이슈로 기업의 변화가 필요한데, 기업의 문화가 이를 따라가지 못함을 실감하기 때문이다.

스타트업 또한 성장해나가면서 어떤 문화를 유지하고, 어떤 문화를 새롭게 받아들여야 할지 고민한다. 특히 급속히 성장한 기업들은 자기 회사가 관료화된 것은 아닌가 싶어 스스로 놀라기도 한다.

어떤 이들은 기업문화를 '좋은 문화'와 '나쁜 문화', 이렇게 이분법으로 접근하기도 한다. 예를 들어 개인을 중시하며 수평적이고 자유로운 문화는 좋은 문화고, 집단을 중시하고 수직적이며 관료적인 문화는 나쁜 문화라고 여기는 식이다. 물론 절대적으로 나쁜 문화도 있다. 법과 윤리를 무시하고 구성원들에게 갑질하고 고객을 속이는 것은 분명 나쁜 기업문화다.

그러나 대부분의 경우 기업문화를 좋고 나쁨으로 이분하는 것은 적절치 않다. 구성원들에게 여론 조사를 해서 점수가 높게 나왔다면, 그 기업의 문화를 좋은 문화라 할 수 있을까? 그렇게 단정하긴 쉽지 않을 것이다.

도대체 기업문화란 무엇일까?

도대체 기업문화란 무엇일까? 사실 나는 이 분야를 전공한 학자도 이 분야 전문가도 아니다. 단지 오랜 시간 현장을 경험한 경영자로서 관찰한 주관적 관점에서 말하고 싶다. 기업문화를 교과서적으로 정의하면 이렇게 말할 수 있다. "기업이 갖는 독자적인 경영 이념이나 행동의 규범 혹은 기업 등 조직 구성원의 활동 지침이 되는 행동규범을 창출하는 공유된 가치,

신념의 체계를 뜻한다." 알듯 말듯 한 표현이다.

만일 내게 기업문화가 무엇이냐고 묻는다면 나는 이렇게 정의하겠다. "해당 조직이 살아남은, 그리고 구성원들이 해당 조직에서 생존하고 승진하기 위한 최적의 방식이다."

어떤 회사의 문화가 관료적이고 폐쇄적이라 한다면 그 의미는 그것이 그 조직이 살아남을 수 있었던 기반이라는 뜻이다. 그런 특성을 가진 사람들이 그 기업에서 살아남아 승진하고 이너서클inner circle을 이뤘을 것이다. 혁신하고 오픈한 사람들, 비상식적인 기존의 규정과 절차를 무시하거나 바꾸려 한 사람들은 아마 살아남지 못했을 것이다. 감사에 걸리거나 승진 누락이 되는 등 중간에 내쳐지거나 혹은 조직 내에서 뒤처졌을 테니 말이다.

어떤 회사가 개인 성과주의가 강한 기업문화를 가졌다는 것은 협력을 잘해도 개인 성과가 약한 사람들은 나가거나 뒤처졌다는 이야기다. 상대 부서에 총을 쏘든 직원을 괴롭히든 성과를 만들어낸 사람들이 보상받고 승진하고 고위직을 차지하고 있다는 이야기다.

어떤 회사가 가족주의적 기업문화를 가졌다는 것은 아무리 뛰어나고 성과를 잘 내도 가족의 일원으로 인정받지 못하면 뒤처질 수밖에 없다는 이야기다. 서열을 무시하고 혼자 잘난 사람은 살아남기 어렵다는 뜻이다.

어떤 회사가 정치적인 기업문화를 가졌다는 것은 권력의 핵

244

심들과 연결되거나 친하지 않으면 아무리 혁신하고, 성과를 내도 사다리를 오르지 못했을 거란 이야기다. 어떤 회사가 공격적이고 솔직하며 토론하는 기업문화를 가졌다는 것은, 그렇지 않은 사람은 거기서 도태됐을 거란 이야기다. 이런 조직에서는 위험을 고려하는 사람들, 묵묵히 일하는 사람들, 자기 생각을 털어놓기 주저하거나 남들의 피드백에 쉽게 상처받거나 표현력이 약한 사람들은 뒤처질 수밖에 없다.

그 회사의 업과 규모, 스테이지에 따라서도 달라진다. 규모가 작은 기업, 급속한 성장을 하는 기업, 디지털 기업 등은 도전하고 실험하고 모험해야만 살아남을 수 있다. 그러므로 혁신, 실험, 모험 등을 잘하는 사람들이 높은 평가를 받고 조직에서 위로 올라간다. 당연히 혁신, 실험, 모험의 문화가 조성될 수밖에 없다.

반면, 규모가 큰 기업, 성숙기에 접어든 기업, 전통기업은 협력과 안정이 중요하다. 각종 리스크에 제대로 대응하지 않으면 기업이 큰 위험에 빠질 수 있다. 이런 기업은 인력들의 유입과 이탈도 거의 없다. 따라서 경험 많고 협력을 잘하며 정치력이 있고 조직에 대한 충성도가 강한 사람이 위로 올라갈 가능성이 높다. 당연히 이런 기업에선 안정, 위험 회피, 수직적 문화가 조성된다.

결국 문화라는 것은 대다수의 구성원이 '이렇게 해야 우리 회사에서는 오랫동안 생존하고 이너서클에 들어가는구나'라고 암묵적으로 느끼는 무언가다. 이것은 좋고 나쁨의 영역도 똑똑함과 멍청함의 영역도 아니다. 동양문화와 서양문화를 좋고 나쁨의 잣대로 비교하는 것이 어리석은 것처럼 기업문화도 마찬가지다. 그저 다른 것일 뿐이며, 기업마다 각자 고유한 문화가 생긴 데는 나름의 이유가 있다.

예를 들어보자. 많은 스타트업이 대기업이나 공공기관의 늦은 의사결정과 과도하게 몸 사리는 태도를 비판하고 우습게 본다. 그들 눈에는 굼뜬 공룡처럼 보이고 리더들도 똑똑하게 느껴지지 않을 것이다. 그러나 공공기관에도 똑똑한 사람들이 많다. 그들이 똑똑하지 않아서 그런 것이 아니란 뜻이다. 사업 규모가 작을 때는 잃을 게 별로 없으므로 실패에 예민하지 않다. 그러나 규모가 커지면 한 번의 잘못된 판단으로도 휘청거릴 수 있다. 실패를 지휘한 경영자와 리더들은 자리를 보존할 수 없다. 당연히 더 신중하고 조심하게 된다.

규모가 작을 때는 부정적 이슈가 생겨도 아무도 관심이 없다. 그러나 규모가 커질수록 이슈에 민감해질 뿐 아니라 대중의 관심이 쏠린다. 특히 부정적 이슈가 생기면 비난이 거세지고 경영자들은 청문회장에 서게 되며 심지어 수사도 받는다. 관련 이슈의 책임자와 구성원들은 옷을 벗거나 향후 승진에 치명적인 허들이 된다. 결국 회사에서 잘나가는 사람들은 큰 실패나 이슈를 만들지 않은 사람들이다. 책임지는 것에서 자유로운 핵심 스태프 부서에서 근무했던 사람들, 기존 핵심 사업들을 안정되게 조금씩 성장시켜온 사람들 말이다.

만일 당신이 그 가운데 있다면 어떤 생각을 하고 어떤 처신을 하게 될까? 이처럼 문화는 그 조직에 맞게 만들어지는 것이다.

실제 기업의 문화와 선포한 문화의 차이

이렇게 만들어진 문화는 회사에서 명시적으로 선포한 문화와 같을 수도 있고 다를 수도 있다. 불행히도 많은 기업의 경우, 오너나 CEO가 선포하는 문화와 실제 문화가 다르다. 그럼에도 오래 근무한 사람들은 그것이 명시된 것이든 아니든 대략 자기 조직의 생존방식을 안다. 문제는 사회 초년생들, 순수한 이들, 정의감이 넘치는 이들, 중간에 외부에서 들어온 이들이다.

이들은 그 조직의 문화를 골라서 고생하거나 명시된 문화와 암묵적 문화의 차이를 이해하지 못해 혼란에 빠진다. 그래서 이런 하소연이 나온다. '일은 잘하는데 승진이 잘 안 된다. 나는 혁신하고 성과를 냈는데 회사는 나를 제대로 대우해주지 않는다.' 안타깝게도 생존방정식이 자신과 맞지 않는 조직에 가서 일한 것일 뿐 다른 잘못은 없다. 그저 문제를 잘 못 푼 것이다.

나는 기업들이 몇천만 원, 몇억 원을 들여서 컨설팅 회사나 교수에게 자신의 기업문화를 진단받는 것을 보면 괜한 낭비를 한다는 생각이 든다. 그들은 수많은 설문에 인터뷰를 더해서 스파이더 차트Spider Chart를 그려낸다. 이게 과학적일 때도 있지만 대개는 그다지 실효성이 없다. 만일 그 기업의 문화에 대해 내게 묻는다면 나는 며칠 만에 거의 100퍼센트 가까이 맞힐 수 있다.

그렇게 맞힐 수 있는 비결은 단순하다. '그 기업에 어떤 배경, 어떤 경력과 특성을 지닌 사람들이 높은 위치를 차지하고 있는가?'. '어떤 사람들이 주로 승진하고 핵심 그룹에 들어가는가?'를 보면 된다.

최근 기업문화를 바꾸고자 하는 기업이 증가하는 추세다. 그러면 이런 의문이 들 수 있다. 현재 기업문화가 그 기업의 최상의 생존 방식이라면 왜 굳이 기업문화를 바꾸어야 하는가? 대기업은 대기업에 맞는 기업문화, 제조업은 제조업에 맞는 기업문화가 최상이다. 그런데 굳이 디지털 기업이나 스타트업의 문화를 채택하려 애쓸 필요가 있는가?

그들이 기업문화를 바꾸려는 데는 크게 2가지 이유가 있다.

첫째, 만일 해당 조직이 과거의 비즈니스 방식을 계속 유지함에도 계속 성장할 수 있다고 확신한다면 굳이 바꿀 이유가 없다. 그런데 과거의 비즈니스 모델과 방식이 더 이상 효과를 발휘하지 못한다면 변화가 필요하다. 그것으로는 더 이상 성장하지 못하기 때문이다. 이럴 때는 기존 사업모델에 변화를 주고 디지털 기업이나 스타트업의 문화를 채택하려 한다.

둘째, 세상의 변화에 대응해야 하기 때문이다. 과거 한국 사회는 수직적 군대 문화를 자연스럽게 받아들였다. 그러나 시대가 변하면서 세상은 수평적이고 자율적인 문화로 변하고 있다. 젊은이들은 이러한 문화를 자연스럽게 받아들일 뿐 아니라 더 선호한다.

그러면 이러한 문화를 갖추고 있지 않은 기업은 어떻게 될까? 뛰어난 젊은 인재들이 선택하지 않을 것이다. 그나마 있는 인재들도 퇴사할 수 있다. 소위 문화가 전략을 이기는 현상이 발생한다. 그러면 해당 기업은 점점 쇠락할 수밖에 없다. 그러므로 깨어 있는 기업이라면 전통적 문화를 변화시키고 새로운 문화를 이식할 수밖에 없다.

패러다임 전환기에는 기업문화에 대한 고민이 많아진다

특히 세상의 패러다임이 전환되는 시기에 많은 기업은 기업문화의 변화에 대해 고민하게 된다. 한국은 현재 그러한 변환기에 있다고 할 수 있다. 그러면 어느 정도까지 변화해야 할까? 어떻게 변화할 수 있을까? 변화를 가로막는 허들과 그것의 극복 방안은 무엇일까? 이러한 의문이 생긴다. 이것은 별도의 논의가 필요하므로 여기서는 이 부분은 제외하고 다루도록 하겠다.

사실 기업문화를 변화시키는 가장 효과적인 방법은 복장이나 직위체계를 바꾸는 게 아니다. 다시 말해 호칭을 '님'으로 바꿔서 부르고, 사무실 인테리어를 바꾼다고 해서 기업문화가 달라지지는 않는다는 말이다. 물론 언어와 외부적 환경을 바꾸면 어느 정도 환기 효과는 있다. 이러한 것들이 변화의 중요한 시그널이 되므로, 출발점으로는 어느 정도 역할을 한다. 그러나 그것이 근본적 변화를 가져오지는 않는다.

기업문화를 바꾸고 바뀐 문화가 지속되려면 CEO와 고위 경영진들을 변화하려는 문화에 적합한 사람들로 바꾸거나 그들이 그런 문화에 적합하게 바뀌어야 한다. 그리고 새롭게 이식하려는 문화와 가치에 적합한 사람을 인정하고 보상하며 승진시켜나가야 한다. 그러면 바꾸지 말라고 해도 구성원들이 알아서 스스로를 변화시킬 것이다.

핵심은 구성원 개개인을 억지로 변화시키려 하지 말라는 것이다. 평가, 보상과 승진 시스템이 변화된 것을 확인하면 구성원들은 알아서 움직인다. 고객 지향적이고 외부 전문성이 높고 수평적이며 도전하는 사람들이 승진하는 조직이라면, 따라가지 말라고 해도 그 길을 따라간다. 그러나 고객을 위해 과감한 결정을 하고, 혁신적인 태도로 전문성을 발휘하는 사람을 배제하면서 과거와 동일하게 행동한다면 절대 문화는 바뀌지 않는다. 내부정치와 관계에만 신경 쓰고, 창업자나 CEO와 친하게 지내며 점진적 성과만 적절하게 관리하는 사람들을 우대하면서 문화 혁신을 외쳐봐야 변화는 지속될 수 없다.

Core
Contents

- 기업문화는 해당 조직에서 살아남고 승진하기 위한 최적의 생존 방식이라고도 할 수 있다.

- 기업문화는 좋고 나쁨의 문제가 아니라 다름의 문제다.

- 그 기업의 기업문화를 아는 가장 간단한 방법은 CEO와 고위 임원들이 누구이고 어떤 특성을 가졌는지 관찰하는 것이다.

- 당신이 기업에서 잘나가려면 빠르게 이 특성을 간파해야 한다. 자신의 가치나 특성이 그 기업의 문화와 맞지 않으면 당신은 고위직에 갈 수 없으므로 딴 길을 찾아라.

- 문화의 좋고 나쁨은 없지만 회사 방향과 비즈니스의 방향 전환과 혁신을 원한다면 문화의 변화를 고려해야 한다.

- 사회 전체의 문화와 가치가 바뀔 때, 대다수의 인재가 선호하는

문화가 분명할 때, 기업 또한 여기에 적응하지 못하면 인재를 확보할 수 없고 쇠락할 위험이 높다. 따라서 기업문화의 변화를 도모해야 한다.

- 구호, 교육, 물리적 환경 변화로는 문화를 바꾸는 데 한계가 있다. 평가와 보상 시스템을 바꾸고 기업에서 인정하고 승진시키는 사람을 바꿔야 한다. 사람이 그러한 변화를 보면서 자신을 맞추게 된다. 이것이 쌓이면 자연스럽게 새로운 문화가 구축되는 것이다.

5

이익으로 움직이고,
의미로 남게 하라

"이익과 의미를 연결하는 것이 리더십이다"

○

많은 리더들이 한 번쯤은 이런 질문을 품는다.

'왜 어떤 사람은 '뜻'을 좇고, 어떤 사람은 '이익'에만 반응하는가?'

'사람은 과연 무엇으로 움직이는가?'

리더십의 본질은 사람을 움직이는 힘이다. 하지만 사람은 하나의 기준으로 정의되지 않는다. 의義를 좇는 사람도 있고, 이익만을 철저히 계산하는 사람도 있다. 그리고 대부분은 그 중간 어딘가에 있다. 이 인간 본성을 설명하는 대표적인 개념이 바로 '2:6:2 법칙'이다.

이 법칙의 주요 내용은 다음과 같다.

- 20퍼센트는 '의'를 기준으로 살아간다. 손해를 감수하더라도 옳다고 믿는 것을 선택한다.
- 또 다른 20퍼센트는 죄책감 없이 자기 이익만을 추구한다. 공동체에는 관심이 없다.
- 나머지 60퍼센트는 '이익'에 따라 움직인다. 이들은 대세를 따르고, 포상에 반응하며, 처벌을 두려워한다.

이익에 반응하는 구조만으로는 지속 가능하지 않다. 단기 성과는 나올 수 있지만 자발성과 헌신은 사라진다. 이익이 사라지면 사람도 떠난다. 이 딜레마를 통찰로 해결한 경영자가 있다. 마쓰시다 고노스케다. 그는 이렇게 말했다.

"이익을 좇는 보통 사람도, 의로운 일이 이익이 될 때 스스로 움직인다."

"급여로 사람을 데려오고, 사명으로 사람을 남긴다."

그는 이익과 의미의 균형을 강조했다. 회사는 단지 월급만 제공하는 곳이 아니라, 일의 사명감과 방향성도 함께 제공하는 곳이어야 한다고 보았다. 이러한 마쓰시다의 통찰은 인간 본성에 대한 깊은 이해에서 나왔다. 그는 사람들이 이익을 따라 움직인다는 현실을 인정했지만, 동시에 사람들이 의미와 사명을 발견할 때 더 강하게 헌신한다는 사실도 알고 있었다. 그래서 그는 '이익 추구가 곧 사명 달성으로 연결되는 구조'를 만들고자 했다.

사람이 열심히 일해 이익을 얻고, 그 과정에서 사명을 성취하며, 다시 그 의미가 동기를 자극해 더 열심히 일하게 되는 선순환 구조다. 이 구조가 만들어질 때 조직은 지속 가능해지고, 구성원들은 이익뿐 아니라 자부심과 소명 의식까지 함께 얻게 된다. 따라서 리더는 구성원의 동기와 조직의 가치를 연결해주는, '의로운 일이 이익이 되는 시스템'을 설계해야 한다. 이를 위해 조직은 명확한 보상 기준을 가져야 하며 그 기준은 핵심 가치와 미션, 비전에 근거해야 한다.

위대한 기업들은 모두 이 원칙 위에서 운영된다.

- 아마존은 '고객에게 집착하고, 고객에게 최고의 가치를 제공한다'는 가치 위에서 보상이 이루어진다.
- 애플은 혁신을, 사우스웨스트는 고객의 즐거움을, 이나모리 가즈오는 교세라는 사회 공헌을 가치 기준으로 삼는다.

이러한 기업들은 구성원이 고객에 집착하고 가치를 만들며 사회를 이롭게 할 때 보상한다. 그 결과 구성원은 일의 의미를 발견하게 되고, 이는 더 강한 자발성과 동기로 이어진다. 반면 엔론은 눈앞의 성과에만 보상했다. 부정을 눈감아주고 단기

실적에만 이익을 몰아주었다. 그 결과 구성원들은 윤리나 사명을 무시한 채 오직 이익에만 집중했고 결국 회사는 무너졌다. 그 안에서 일한 사람들 역시 자부심을 가질 수 없었다.

이처럼 리더가 조직 설계를 통해 '의미를 좇는 것이 곧 이익이 되는 구조'를 만들 때 조직은 건강하고 지속 가능한 성장의 기반을 갖추게 된다. 다만 의미 중심의 설계가 자율 방임으로 흘러서는 안 된다.

조직에는 룰(법)과 운영의 묘(술)가 함께 필요하다.

- 룰은 공정의 기준이다.
- 술은 그 룰을 사람과 맥락에 맞게 살아 있게 운영하는 지혜다.

신상필벌은 그 '술'의 핵심이다. 공정한 룰이 없으면 신뢰가 무너지고, 유연성 없는 시스템은 사람을 옥죈다. 그러므로 적절한 룰과 운영이 뒤따라야 한다.

사람은 완벽하지 않다. 대부분은 사명과 탐욕, 의와 이익 사이를 오간다. 리더는 사람을 바꾸는 존재가 아니다. 사람의 본성을 읽고, 그것이 조직과 사회에 이롭게 연결되도록 설계하는 존재다. 이기심을 인정하되 사명을 설계하고, 이익을 제공하되 의미를 부여하며, 룰을 세우되 술로 운용하라.

이것이 바로 현대 리더십의 지혜이며, 지속 가능한 조직 설계의 본질이다.

6

능력 있는 인재를 확보하고
활용하는 비결

**"미국 정부는 최고의 소프트웨어 기술자들을
어떻게 영입했을까?"**

○

"시대가 변해도 바뀌지 않는 것, '그것'이 인재를 움직이게
한다."

인재 영입과 관련된 이야기를 하자니 미국 정부가 최고의
소프트웨어 엔지니어를 영입한 과정이 떠오른다. 제프 로슨이
쓴 《개발자에게 물어보세요》라는 책을 읽다가 자세히 알게 된
것인데, 그 책의 내용을 토대로 이야기해보자면 이렇다.

최고의 인재를 원한다면 자긍심을 자극하라

2013년 버락 오바마는 '오바마 케어'를 대선공약으로 제시하고 의료보험 가입을 할 수 있는 사이트를 야심 차게 열었다. 그러나 사이트의 응답 속도는 느렸고 이해할 수 없는 에러 메시지들이 떴으며 오류 또한 엄청났다. 낭패가 아닐 수 없었다.

이후 대통령은 미국 정부의 IT 시스템과 서비스를 전면적으로 검토할 것을 지시한다. 검토 결과 정부의 IT 시스템과 서비스는 구식 인프라와 뒤범벅된 코드들로 가득했다. 여러 SI 회사들과의 프로젝트 결과물이 연결되지 않은 채 산발적으로 구축되어 있었다. 국민이 경험하는 온라인 인터페이스도 엉망이었다. 구글, 애플, 페이스북 등의 서비스에 익숙한 국민은, 온라인 사용자 경험User Experience, UX에 대한 기대 수준이 매우 높아진 상황이라 이런 문제는 더욱 심각하게 다가왔다.

이 문제를 해결하기 위해서 백악관은 2014년 구글 부사장이었던 메건 스미스Megan Smith를 CTO로 선임한다. 메건은 기존에 정부와 계약을 맺었던 IT 업체들로는 이 문제를 근본적으로 해결할 수 없음을 알았다. 그녀는 문제를 해결하기 위해 실리콘밸리의 최고 기술자들을 채용해 '기술 특공대'를 만들려 했다. 이를 통해 정부의 디지털 구조를 전면 개선할 계획을 한 것이다. 그런데 이 계획에는 문제가 있었다. 그 문제는 '실리콘밸리의 최고 기술자들을 어떻게 정부에서 일하게 하는가?'였다. 정부에서는 그들 수준의 연봉을 맞춰줄 수 없었고 거주지 또한 문제였다. 그들을 실리콘밸리에서 워싱턴으로 이주시켜야 했다. 권위주의 국가처럼 그들을 억지로 징집할 수는 없잖은가.

그녀는 어느 날 아마존, 애플, 페이스북 등에서 선정한 핵심 엔지니어들을 샌프란시스코의 한 호텔로 초대했다. 당시만 해도 그 엔지니어들은 자신의 회사를 때려치우고 정부에서 일하는 것에 대해 부정적이었다. 메건은 호텔 앞에 있는 리치먼드 조선소를 가리키며 이렇게 말했다. "여기에서 미국은 독일 잠수함을 능가하는 기술을 만들었습니다. 이를 통해 우리 미국은 2차대전에 승리할 수 있었습니다. 우리도 그렇게 할 수 있습니다. 지금 이것이 우리가 해야 할 일입니다."

이 말을 마치자 호텔 방의 옆문이 열리면서 한 남자가 나타났다. 바로 오바마였다. 그 자리에 참석한 엔지니어들은 깜짝 놀랐다. 오바마는 그들을 향해 짧게 말했다. "미국이 여러분들을 원합니다. 미국 정부는 도움이 필요하고 당신이 필요합니다. 워싱턴에 와서 봉사하기 어려운 이유 한 가지만 대보십시오. 제가 해결해주겠습니다." 그러고는 모인 이들과 사진을 찍고 다시 워싱턴으로 돌아갔다.

몇 분의 시간을 위해 대통령이 직접 워싱턴에서 샌프란시스코로 날아온 것이다. 그는 큰 뜻을 제시하고 그들이 그 뜻을 이루는 데 필요한 존재임을 말했다. 그 자리에 모인 이들은 어땠을까? 대통령이 친히 나설 정도로 중요한 일이라고 여겼을 터다. 국가를 위해 큰일을 할 기회가 주어졌으니 영광으로 여길 수밖에 없었다. 두 달 뒤 그들은 워싱턴에 도착했고, 3년간 정부의 디지털 트랜스포메이션을 위해 일했다.

그가 지닌 비전과 가치를 인정해주어라

얼마 전 한 벤처 대표가 내게 질문을 해왔다. "어떻게 인재를 확보해야 할까요? 좋은 이들이 있긴 한데 저희 회사로 영입하려 해도 현재 직장에 만족한다며 제안을 거절합니다." 이 질문에 대한 답이 될 만한 사례가 하나 있어 소개해볼까 한다.

예전 벤처에서 본부장을 할 때였다. 경쟁사 중 하나가 잘나갔다. 그런데 그곳에 새로운 본부장이 오더니 해당 사업부가 흔들렸다. 그곳에서 실질적인 리더로 일하던 뛰어난 인력이 있었는데 그 본부장과 맞지 않았다. 그러던 중 우리 회사에 근무하던 그의 지인이 우리 회사를 소개했고, 면접 자리를 만들었다. 공식적인 면접장에 그는 긴장한 모습으로 들어왔다.

나는 그를 보는 순간 면접을 하면 안 되겠다는 생각을 했고, 면접 서류를 쓰레기통에 넣었다. "아휴, 이렇게 와줘서 고마워요. 면접이 무슨 필요가 있나요. 최고의 전문가라는 것을 잘 알고 있는데요." 그에게 이렇게 말하고 바로 내 사무실로 안내했다. 우리 회사가 한 단계 점프업을 하려는데 이런이런 부분이 부족하다. 당신의 도움이 절대적으로 필요하다는 이야기를 했다. 그러곤 그에게 물었다. "뭐가 필요하십니까? 원하시는 걸 다 들어드리겠습니다."

사실 그는 자존심이 상한 채 우리 면접장에 들어왔고 고민이 많았으나 나의 환대를 받자 심경이 바뀌었다고 했다. 그는 내게 자신을 따르는 인력 몇 명을 받아줄 수 있냐고 물었다. 나는 조건 없이 다 받아주겠다고 했다. "당신이 추천하는 사람이라면 의심하지 않겠습니다. 제가 볼 필요도 없어요." 그는 우리 회사에 많은 인력과 함께 들어왔고 이후 회사를 한 단계 점프업시키는 데 큰 공헌을 했다.

또 다른 사례도 있다. 벤처를 경영하던 시절이었는데, 우리 회사에 CTO가 필요했다. 건너 건너 인력을 소개받았고 여러 루트로 체크해보니 능력 있는 인재였다. 그런데 들려오는 말로는 회사를 옮길 생각이 없다고 했다. 나는 직접 부딪쳐보기로 마음먹었다. 그에게 연락해서 소주 한잔하자고 했다. 그를 만나는 자리에 제안서를 들고 나가 회사의 비전과 방향을 열정적으로 소개했다. 그리고 그가 이 비전을 이루는 데 꼭 필요한 사람임을 말했다. 내가 면접을 자청한 셈이었다. 연봉이나 대우 이야기는 단 한마디도 안 했지만 밤늦도록 소주 몇 병을 나눈 후 결국 그는 우리 회사로 왔다.

사례 하나를 더 살펴보자. 18년 전 어느 날, 주주사의 한 임원이 내게 만나고 싶다는 전화를 해왔다. 내가 다니던 기업의 CEO로 새롭게 내정된 사람이었다. 나를 보더니 "당신이 회사를 성장시켰고 제일 잘한다는 것을 알고 있습니다. 나는 회사를 좋게 만들고 싶어요. 여기에 당신의 역할이 절대적으로 필요합니다. 나를 도와주세요."라고 했다.

나의 상사가 될 사람이었지만, 나를 떠본다거나 의심하는 눈으로 보지 않았다. 나는 흔쾌히 그 제안을 받아들였다. 부임 후에도 내게 사업을 전폭적으로 맡기고 신뢰하며 주주사에 어필해 최상의 대우를 해주었다. 그분이 계신 3년 동안 나는 다른 곳에서 CEO로 오라는 오퍼를 두 번이나 받았지만 가지 않았다. 그 이유 중 하나는 바로 그분 때문이었다. 그 이후에도 그분은 나의 스폰서가 되어주었고 차기 CEO로 나를 추천해주었다. 인연을 맺은 지 20년이나 지난 지금도 가끔씩 연락해 소주를 나눈다.

얼마 전, 한 스타트업 공동창업자에게 이런 이야기를 들었다. "저는 인재들을 정말 많이 데려왔습니다." 비결이 뭐냐고 묻자 이렇게 대답했다. "점찍어둔 인재, 모셔오려는 인재는 당장 오지 않더라도 꾸준히 정기적으로 연락하거나 식사하면서 우리 회사의 비전과 성장한 모습에 대해 이야기합니다. 물론 입사 제안을 한다고 해서 당장 오지는 않습니다. 능력 있는 이들은 이미 기존 회사에서 충분히 대우받으며 잘나가기 때문이죠. 그런데 꾸준히 만나다 보면 그런 이들이 반드시 흔들릴 때가 있습니다. 2가지 경우가 제일 많은데요, 맞지 않는 상사를 만나거나 승진에서 누락되었을 때입니다. 그때 오퍼하면 거의 성사됩니다."

시대가 바뀌어 요즘은 돈만으로 움직인다고들 하지만 나는 그렇게 보지 않는다. 인간 심리가 갑자기 바뀔 리 없다. 시대의 변화와 무관하게 통하는 것들이 있다고 생각한다. 대개 간을 보거나 평가와 계산, 인색함의 눈으로 보면 인재는 그것을 알아차린다. 그런 곳에는 당연히 가지 않으려 한다. 그러면 어떻게 해야 마음이 움직일까? 첫째, 전폭적으로 상대의 가치를 인정해줘야 한다. 둘째, 비전과 대의명분을 열정적으로 나눠야 한다. 셋째, 최고위층이 직접 나서서 비전을 이룰 파트너로서 도움을 청해야 한다. 인재들의 마음은 그럴 때 움직인다.

연봉과 복지가 중요하지 않다는 말이 아니다. 최소한 다른 기업과 비슷한 수준은 될 수 있도록 힘쓸 필요가 있다. 그러나 내 책《거인의 리더십》에서도 말했듯 최고의 인재들에게 연봉과 복지는 그들을 움직이는 최선의 동기가 아니다. 설령 연봉과 복지가 낮더라도 큰 뜻이 있고 자신들의 가치와 필요가 분명하면 그들은 움직인다.

이는 꼭 최고 인력에만 국한된 이야기는 아니다. 일반적인 구성원들 역시 그의 비전과 가치를 인정해주면 자존감이 상승하고 중요한 역할을 기대 이상으로 해낼 수 있다. 내 경험을 돌이켜보면, 오히려 조건과 계산만으로 뽑은 인력들은 대개 별로였고 또 오래가지도 않았다.

조급함을 버려라. 당장 영입 제안을 받아들이지 않는다고 실망할 필요 없다. 누구든 흔들릴 때가 있다. 나 역시 마찬가지였다. 내가 커리어를 계획하고 의도적으로 회사를 옮긴 적은 거의 없다. 성장이 정체되어 변화가 필요할 때, 나의 자긍심이 흔들릴 때 누군가 나타나 나를 이끌어준 경우가 많았다. 그러므로 원하는 인재가 있다면 느슨한 관계를 유지하며 꾸준하게 접촉하라. 그러다 그가 흔들리거나 변화를 필요로 할 때 강력하게 오퍼하면 된다. 앞서 말한 3가지 외에 하나의 필살기를 더한다면 "꾸준히 컨택하고 기다려라. 흔들릴 때 그의 가치를 인정하며 끌어당겨라."를 제안할 수 있다. 이때 중요한 것은 오바마처럼 최고위층이 직접 나서서 방점을 찍어줘야 한다는 점이다. 인재 확보는 HR 부서의 미션이 아니다. 바로 경영층의 미션이다.

PART 5

경영자와 리더

PART 5

1

리더는 무엇을 하는 사람인가?

**"조직 전체의 비전과 목표를 위해
선택하고 정진해야 한다"**

○

"리더로 승진했는데, 일의 방식이 갑자기 바뀐 것 같습니다." "뭘 어떻게 해야 하고 무엇을 배워나가야 할까요?" 나는 이런 질문을 많이 받는다. 팀장은 두 명의 팀원 역할을 하는 것이 아니며, 임원은 두 명의 팀장 역할을 하는 것이 아니다. 임원은 팀장 일을 대신 해주거나 팀장들 업무를 취합하는 게 아니다. 리더는 구성원들과 다른 차원의 일을 하는 사람이다. 이 점을 명확히 알아야 리더가 제 몫을 해낼 수 있다.

다른 차원의 일이란 무엇인가? 팀원은 자신의 일만 본다.

팀장은 팀원들 개개인의 한계를 넘어서 팀 전체의 성과를 창출하게 한다. 임원은 각 팀장이 자기 팀밖에 보지 않기에 팀들이 전체의 목표에 정렬하도록 해야 하며 해당 조직 전체의 성과를 창출하도록 해야 한다. 한마디로 말하면 '조직의 성과 창출' 즉 변화를 만들어내야 한다.

리더가 해야 할 가장 중요한 3가지 업무

조직 전체가 성과를 창출하도록 하기 위해 리더가 해야 할 것을 단순하게 정리하면 다음의 3가지다.

- 목표 관리
- 사람 관리
- 일 관리

리더는 이 3가지를 균형 있게 하는 사람이다. 한마디로 말해 회사 전체의 목표와 얼라인되어 조직의 목표를 설정하며, 구성원들에게 일을 분배하고, 그들을 임파워하고 코칭해 일이 제대로 진행되도록 함으로써 목표를 달성하는 사람이다.

목표 관리란 무엇인가?

조직은 가정이나 친목 단체가 아니기에 특정 목표를 지향할 수밖에 없다. 뛰어난 리더는 약속을 지키는 사람이다. 즉 회사 전체의 목표를 조직의 목표로 전환하고, 구성원들에게 분배함으로써 그들에게 동기를 일깨우고 마음을 하나로 묶으며 지원한다. 그리고 목표를 제때 달성해낸다. 즉 약속을 지키는 것이다.

사람 관리란 무엇인가?

목표를 달성하기 위해서는 구성원들이 목표에 초점을 맞추며 자신의 역량을 최대한 발휘할 수 있도록 도와야 한다. 이를 위해서 구성원들의 동기를 일깨우고, 서로 협력할 수 있도록 하며, 자신이 가진 역량을 발산하도록 지원하고 코칭할 필요가 있다. 구성원에게 어려움이나 장애물이 생기면 해결할 수 있도록 지원한다. 마음 관리 또한 필요하다.

일 관리란 무엇인가?

일이 효과적이고 효율적으로 이루어질 수 있도록 관리하는 것이다. 지식을 관리하고 업무 프로세스를 더욱 효율화해야 한다. 자동화를 통해 구성원들이 효과적이고 효율적으로 일을 처리할 수 있도록 돕는 것이 일 관리다.

이러한 3가지의 조화를 통해 조직 전체의 성과를 달성하게 하는 것이 리더의 역할이다. 그러므로 리더는 이 3가지가 숙달될 수 있도록 배워나가야 한다. 선배 리더를 통해 배워도 좋고, 책이나 세미나를 통해 배워도 좋다. 혹은 실험과 시도를 통해 더 효과적이고 효율적인 방안을 배우고 익히며 적용해나가야 한다.

리더의 임파워, 진정한 의미는?

리더 앞에는 몇 가지 선택지가 있다. 새로운 리더가 책임을 맡은 후 성과가 이전보다 하락할 수도 있고, 같은 수준을 유지할 수도 있다. 혹은 선형적으로 상승하거나 비선형적으로 상승할 수도 있다. 이는 어떤 선택을 하고 어떻게 실행해나가느냐에 따라 달라진다. 수평이나 선형적 상승은 A급이나 B급에 그친다. S급이 되려면 비선형적 상승을 만들어야 한다. 그런데 비선형적 변화를 이루려면 그만큼 높은 실패의 위험도 염두에 둬야 한다.

타 부서나 타 리더들과 비교하는 데 초점을 맞출 필요가 없다. 간혹 정보를 숨기고 타 부서와 경쟁하는 리더들이 있다. 타 부서가 망가지면 기뻐하기도 한다. 부서 간 상대평가에 내재된 약점이다. 그러나 조직 전체를 생각한다면 이는 불필요한 경쟁이다. 타 부서와는 협력하고 다른 회사의 최고 조직, 그리고 자기 조직의 과거와 경쟁해야 한다. 진정한 경쟁 상대가 누구인지 잊지 말아야 한다.

임파워란 방관이 아니다. 구성원들이 목표를 이루고 역량을 강화할 수 있도록 힘power을 주는 것이다. 힘을 주는 방법은 리더마다 다르다. 자율과 소통을 통해 동기와 열정을 줄 수 있다. 혹은 전문성을 무기로 카리스마 넘치는 코칭을 통해 역량을 길러줄 수도 있다. 혹은 큰 이슈를 해결해주면서 힘을 실어줄 수도 있다. '위임'이라는 이름하에 책상에 앉아 방관하는 것이 임파워가 아님은 명확히 알고 있어야 한다. 비전도 없으면서 구성원을 괴롭히고 압박하는 대신 책임이나 보상은 나 몰라라 하는 것 역시 임파워가 아니다.

회사는 가족이 아니다. 모두에게 사랑받는 좋은 사람이 되려 하지 말고, 형 아우로 지내지 마라. 그러면 공정한 평가가 어렵다. 내가 아우로 부르던 사람이 상사가 되면 둘 다 불편하고 어려워진다. 마찬가지로 회사는 군대가 아니다. 소통과 참여가 결여된 채 일방적 명령으로 조직을 이끌어간다면 이 또한 반발을 사게 되고 지속 가능한 성장에 방해가 된다. 젊은 사원들도 충분히 똑똑하며 자기만의 소신이 있다. 그들의 이야기에 귀를 기울이고, 쓸모 있는 의견은 듣고 반영하고 확장하라. 어리석은 리더가 독선을 부리면 그야말로 최악이다.

리더는 비전과 목표에 대해서는 항상 긍정적이고 낙관적인 태도를 견지해야 한다. 동시에 뒤에서는 철저하고 보수적인 계산과 리스크 관리를 하는 두 얼굴이 필요하다. 다시 말해 조직에서 리더는 '변화'를 만드는 사람이다. 선형적 변화도 좋지만 비선형적 변화를 가져올 수 있다면 최상이다. 그 리더가 조직을 맡은 이전과 이후가 뚜렷하게 다르다면, 게다가 긍정적 변화가 나타났다면 더할 나위 없다.

2

리더와 관리자를 구분하는
가장 큰 차이

"리더는 '변화'를 다루고 관리자는 '복잡성'을 다룬다"

○

"리더와 관리자의 차이는 무엇인가요? 리더가 관리자보다 더 낫다는 말인가요? 관리자가 아니라 리더가 되어야 한다는 말인가요?" 이런 질문을 많이 한다. 사실 관리와 리더십은 그 의미의 구분이 어려워 다소 혼란스러워하는 게 사실이다. 어떤 이들은 이 2가지를 '나쁜 것'과 ' 좋은 것'으로 이분해서 생각하기도 한다.

기업 현장에서 많이 수행하는 '리더십 교육'이라는 세미나나 워크숍 프로그램들을 보면 거의 모두가 목표와 성과를 관리하는 교육이다. 아니면 전략, 마케팅, 인사 교육에 치우쳐 있거나 구성원들과의 코칭, 커뮤니케이션이나 소통법에 대한 교육에 초점을 두고 있다. 사실 이는 리더를 양성하는 교육이라기보다는 관리자를 양성하는 교육에 가깝다. 이런 현상이 나타나는 것은 리더와 관리자, 이 둘의 차이를 명확히 이해하지 못한 데 기인한다.

관리와 리더십은 어떻게 다를까?

이 질문에 대한 가장 훌륭한 답은 하버드 경영대학원 존 코터John P. Kotter 교수의 말에서 찾을 수 있다. 그는 《기업이 원하는 변화의 리더》라는 책에서 이렇게 말한다. "관리자는 복잡성을 다루고, 리더는 변화를 다룬다."

이 말이 어떤 의미인지 찬찬히 살펴보자. 조직은 점점 성장해나가면서 복잡해진다. 이 복잡성을 해결하면서 목표를 달성하기 위해서는 '관리'가 필요하다. 그렇다면 조직을 관리하는 핵심은 무엇일까? 바로 '계획-실행-점검Plan-Do-See'이다. '계획과 예산(자원)'을 할당하고 이를 실행하며 그 이행을 모니터링해 문제를 해결하면서 목표를 달성한다. 관리자들은 관리를 통해 복잡한 상황 가운데서도 어느 정도 예측 가능한 결과를 창출하게 된다.

관리자는 이 과정 전반을 관리하는 동시에 자신에게 할당된 계획을 정확하고 효율적으로 이행한다. 이를 위해 조직을 구성하고, R&R을 설정하며, 보고 체계를 갖추고, 진행 상황을 모니터링하고, 발생하는 문제를 해결한다. 이러한 일련의 과정을 통해 계획을 실행에 옮긴다. 여기서 끝나지 않는다. 그 결과를 평가하고 그에 따라 보상까지 연결한다. 그러므로 관리에서 중요한 것은 결국 '통제'다.

'통제'라는 용어를 싫어하는 이들이 많은데 그 자체로는 나쁜 용어가 아니다. 실제로 통제는 매우 중요하고 필수적인 행위다. '통제'란 계획과 실제 현상의 차이를 파악해 이를 허용 가능한 범위 내로 들어오도록 만드는 활동이다. 이를 위해서는 절차, 인력 구성, 역할 할당, 보고, 회의, 모니터링, 문제해결 등이 중요하다. 관리자는 대개 이러한 활동에 익숙할 수밖에 없다.

반면 리더십은 '변화'를 추구한다. 관리자는 '과거'와 '현재'에서 출발해 '미래'의 목표를 설정하지만, 리더는 '미래'에서 출발해 '현재'를 만든다. 그러므로 리더십에서 가장 중요한 활동은 미래의 비전과 전략을 설정하는 것이다. 지금과 다른 변화 모습을 설정하는 데서 출발한다.

그렇다면 이것이 관리에서 이야기하는 '목표'와 어떻게 다를까? 대개 관리에서의 '목표'는 과거의 연장선상에서 약간의 향상으로 주어진다. 반면 '비전'은 지금까지 걸어왔던 길이나 점진적 성장에 머물지 않으며, 담대하고 새로운 모습을 만드는 데서 출발한다. 그래서 리더는 대개 다음의 3가지 단계에 초점을 맞춘다.

- 1단계: 미래의 대담한 비전과 전략을 설정함
- 2단계: 사람들에게 이 비전과 전략에 얼라인하도록 커뮤니케이션함
- 3단계: 사람들의 욕구와 감정을 일깨워 이 비전과 목표를 향해 움직이도록 함

그럼 관리와 리더십은 구체적으로 어떤 차이가 있을까? 주요한 차이점을 정리하면 다음과 같다.

- '관리'는 논리적이고 톱니바퀴 같은 철저함과 안정성을 추구한다면, '리더십'은 사람들의 감정을 건드리며 돌파나 혁신을 추구한다.
- 관리에서는 '플랜plan'이 중요하지만 리더십에서는 '비전vision'이 중요하다.
- 관리에서는 '컨트롤control'이 중요하지만 리더십에서는 '얼라인align'이 중요하다.
- 관리에서는 '문제해결Problem-Solving'이 중요하지만 리더십에서는 '체인지change'가 중요하다.
- 관리에서는 '올바르게 일을 처리하는 것'이 중요하지만 리더십에서

는 '옳은 일을 하는 것'이 중요하다.

관리자는 잘못된 것이고 리더는 바람직한 것이라는 오해

흔히 오해하는 것 중 하나가 '관리자'는 잘못된 것이고 '리더'가 되는 것이 바람직하다는 생각인데 전혀 그렇지 않다. 이런 오해가 만연한 것은 리더에 대한 잘못된 미신 때문이다. 리더는 모든 것을 해결해주는 해결사가 아니다. 기업에는 관리자도 필요하고 리더도 필요하다. 이 둘의 역할은 상호보완적이다. 또한 기업의 단계에 따라 '리더십'이 더 필요할 때가 있고 '관리'가 더 필요할 때가 있다. 창업기, 급속 성장기, 기업의 턴어라운드 시기나 신사업 돌파의 시기에는 '리더십'이 더 중요하다. 반면 기존 사업을 차근히 성장시켜나가고 품질을 유지하며 예측 가능한 숫자를 만들기 위한 단계라면 '관리'가 더 중요하다.

마이클 포터 교수는 이렇게 말했다. "관리와 리더십 2가지 모두 필요하다. 이상적인 것은 기업 내에서 강한 관리와 강한 리더십의 밸런스를 유지하는 것이다." 그런데 지금 기업은 어떤가? 관리자는 많지만 리더가 부족하다. 기존의 업무를 잘 관리하고 점진적으로 발전시킬 수 있는 사람들은 많은데, 새로운 미래를 설계하고 큰 변화를 만드는 사람은 부족하다는 것이다.

변화 속도가 크지 않고 불확실성이 약한 시대에는 관리자들이 훨씬 더 많이 필요했다. 하지만 변화 속도가 빠르고 불확실성이 점점 더 커지면서 리더들이 더 요구되고 있다. 그럼에도 기업들은 관리자를 잘 양성하는 반면 리더는 제대로 양성하지 못하고 있는 실정이다.

나 또한 다양한 규모와 스테이지의 회사를 다니면서 스타트업이나 급속하게 성장 중인 조직, 턴어라운드가 필요한 조직에는 '리더십'이 필수적임을 느꼈다. 그래서 누군가 가르쳐주지 않아도 창업자와 공동경영자들, 신사업 책임자들이나 턴어라운드 혁신 책임자들은 리더십을 발휘하게 된다. 비전을 만들고 이 비전에 스스로가 먼저 몰입한다. 그런 후 구성원들을 여기에 얼라인시킨다. 욕을 먹는 것을 두려워하지 않으며 모든 사람에게 사랑받으려 하지 않는다.

이것을 제대로 하지 못하는 스타트업이나 성장기업은 크게 성장하기 어렵다. 턴어라운드가 필요한 기업에 리더십이 약하면 턴어라운드를 만들어내기 어렵다. 반면 이들은 관리 능력이 약해서 뒷수습을 못하는 경우가 많다. 이를 보완하기 위해 관리자들을 채용하거나 양성해 부족한 관리능력을 보완할 필요가 있다.

반면 규모가 커진 안정된 성숙기 기업에서는 '관리'가 초점이 된다. 계획의 철저한 이행과 KPI가 익숙하다. 관계 능력과 정치 능력이 좋으며, 주위 사람들의 평판에 예민하고, 실패 위험을 가능한 한 회피한다. 이러한 조직의 팀장이나 임원들은 관리 능력은 뛰어나지만 불행히도 리더십을 익힐 기회가 별로 없다.

수천 명, 수만 명이 근무하는 대기업에서도 비전을 만들고 이를 드라이브하거나 턴어라운드를 만들 수 있는 사람은 고작 몇 명에 그치는 경우가 많다. 대부분의 팀장이나 임원들은 비전을 만들고 이를 얼라인시키는 경험을 해보지 못했다. 왜냐하면 오랜 기간 점진적 성장에 초점을 맞추어왔기에 주어진 계획을 잘 수행하는 것에 익숙하기 때문이다. 그러다 보니 관리는 잘하지만 위기를 돌파하거나 신사업을 만들거나 새로운 시장을 개척하거나 턴어라운드가 필요한 사업에서 리더십을 발휘하는 데는 어려움을 겪는다.

기업은 자신의 상황을 진단하고 향후 관리자 또는 리더 양성 전략을 다르게 가져가야 할 것이다. 그러기 위해 먼저 이런 질문을 던져야 한다.

- 우리 기업은 관리자도 리더도 부족한가?
- 우리 기업은 관리자들은 많은데 리더가 부족한가?
- 우리 기업은 리더는 많은데 관리자가 부족한가?
- 우리 기업은 관리자도 리더도 많은가?

개개인 또한 마찬가지다. 자신이 리더로서 더 역량이 있고 적성에 맞는지, 관리자로서 더 역량이 있고 적성에 맞는지를 스스로 성찰해볼 필요가 있다. 그런 다음 향후 커리어를 위해 현재의 역량을 유지할지, 자신이 익숙하지 않은 영역을 개발할지에 대해 고민해볼 필요가 있다. 그리고 여기에는 4가지 선택지가 있다.

첫째, '관리자' 역량을 보유하고 있고 이를 지속한다. 둘째, '리더' 역량을 보유하고 있고 이를 지속한다. 셋째, '관리자' 역량을 보유하고 있지만 '리더'로서의 역량도 보유하고자 한다. 넷째, '리더' 역량을 보유하고 있지만 '관리자'로서의 역량도 보유하고자 한다.

리더십을 훈련하려면 어떻게 해야 할까? 사실 지금 대부분 기업에서 하는 교육은 엄밀한 의미에서 리더십 교육이라 하기 어렵다. 직원들 코칭이나 커뮤니케이션 기법을 익히는 것은 리더십의 한 요소라 할 수는 있지만 본질이라 하기는 어렵다. 인력 채용이나 성과 및 보상관리 또한 리더십의 본질이 아니고 마케팅이나 인사를 배우는 것 또한 그렇다. 제대로 리더십을 익히려면 나의 또 다른 저서 《거인의 리더십》 챕터 2에서 말한 리더가 거시적으로 무엇에 초점을 맞추는지와 챕터 3의 인간의 동기 등에 대한 관점들을 이해하고, 나머지는 실전에서 익힐 필요가 있다.

만일 레거시 사업부에서 일한다면 조직 내에서 신사업이나 하락하는 사업, 혹은 성장이 멈춰서 턴어라운드가 필요한 조직에 참여하거나 책임지는 역할을 해보길 권한다. 새로운 혁신을 추진하는 업무를 하다 보면 리더십을 기르는 데 상당한 도움이 된다. 조직 외라면 스타트업이나 급속히 성장하는 조직을 책임지는 경험을 해보는 것이 좋다. 새로운 비전과 돌파구가 필요한 영역에서 리더십이 훈련된다. 팀장이나 임원이라면 주어진 KPI를 채우는 데만 급급하지 말고 조직의 비전과 전략을 만들고 공유하는 실행을 하나씩 해보자.

한 번 더 강조하지만 리더는 '변화'를 다루고 관리자는 '복잡성'을 다룬다. 당신은 변화를 즐기는가? 아니면 복잡한 상황을 관리하는 것을 즐기는가?

3

최고의 성과와 구성원의 행복을 만드는 관리자의 8가지 특성

"구글의 조직 실험에서 얻을 수 있는 인사이트"

○

어느 정도 스케일업Scale-Up이 되고 있는 한 벤처 CEO가 이런 질문을 해왔다. "저희는 테크 회사이고 엔지니어들이 중심입니다. 저는 관료주의를 싫어합니다. 관리자들은 직원들의 성과에 무임승차하며 관료주의를 만드는 것 같습니다. 관리자들 없이 수평적이고 자율적으로 운영되는 조직이 가장 효과적인 조직이 아닐까 생각합니다."

20년이 넘는 직장생활 중 3년 외에 나머지 기간은 리더이자 관리자로만 일해온 나로서는 억울한 이야기임에 틀림없다.

하지만 이런 관점도 이해는 된다. 나도 젊은 시절 톰 피터스의 《해방경영》이나 게리 하멜 등의 책을 읽으며 그런 조직을 꿈꾸기도 했기 때문이다. 그러나 현실은 그렇게 간단하지 않다.

그래서 나는 그 질문에 이런 답을 했다.

"당신과 똑같은 생각을 했던 회사가 이미 얼마나 많았겠어요. 제가 아는 어떤 기업도 그런 생각을 했죠. 그런데 이 기업은 독특하게도 이를 과학적으로 실험하고 증명해보자는 생각을 했어요. 이 회사 또한 개발자와 기술자 중심의 테크 기업이었거든요. 물론 세계적인 기업이고요."

그는 눈을 반짝이며 내 이야기에 귀를 기울였고 나는 말을 이어갔다.

"그곳의 기술자들은 관리받기를 매우 싫어했습니다. 그들 또한 관리자들은 방해만 된다고 생각했죠. 창업자도 유사한 생각이었기에 과감히 관리자 직책을 모두 없애보기도 했어요. 물론 실패했지만요. 그러다가 그들은 데이터를 기반으로 하는 테크 기업답게 인사 분야도 철저하게 과학적으로 접근해보기로 합니다. 혹시 이 이야기를 들어보신 적이 있나요?"

그는 "저도 듣기는 했지만 구체적으로 어떤 결과가 나왔는지는 잘 모르겠습니다."라고 답했다. "네, 그 회사의 이름은 구글이에요. 그러면 제가 그들의 연구 결과에 대해 간략히 이야기를 해드릴게요."

구글에서는 "회사 성공을 위해 관리자는 중요하지 않다."라

는 가설을 증명하기 위해 TF를 만들어 연구를 시작했다. 그런
데 연구를 하면 할수록 자신들의 가설이 틀렸음을 발견하게
된다. 결국 그들은 초기 가설과 반대되는 결론, 다시 말해 "훌
륭한 관리자들이 조직의 성과에 결정적인 역할을 한다."는 결
론을 도출한 것이다.

구글이 실험을 통해 발견한 것들

발견 1: 훌륭한 관리자들이 조직의 성과 창출에
결정적인 역할을 미친다

당연히 그들은 여기서 그치지 않았다. '만일 훌륭한 관리자
들이 조직의 성과 창출에 결정적인 역할을 한다면 도대체 그
들은 어떻게 조직을 이끌기에 그러한가?'를 연구하기 시작했
다. 세부적인 내용은 《구글의 아침은 자유가 시작된다》의 책
을 참고하시라. 먼저 이를 확인하기 위해서 그들은 다음과 같
은 접근법을 취한다. 회사의 모든 관리자를 조사했다. 첫째, 관
리자들의 지난 3년간 평균 성과 등급을 파악했다. 둘째, 관리
자와 함께 일했던 팀원들이 그 관리자에 대해서 얼마나 행복
감을 경험했는지를 조사했다.

그러고는 다음과 같이 4사분면으로 매핑을 해보았다.

① 성과 등급도 높고 구성원들의 행복도도 높은 팀의 관리자: 최고의 관리자

② 성과 등급은 높은데 구성원들은 행복하지 않은 팀의 관리자: 성과는 좋지만 팀 분위기는 좋지 않음

③ 성과 등급은 나쁜데 구성원들은 행복한 팀의 관리자: 성과는 나쁘지만 팀 분위기는 좋음

④ 성과 등급도 나쁘고 구성원들도 불행한 팀의 관리자: 성과도 나쁘고 팀 분위기도 나쁨

다행히도 당시 구글에서는 1,000명의 관리자들 중 140명이 ①에 속한 최고의 관리자였고, 67명이 ④에 속한 최악의 관리자였다.

프로젝트 팀은 이 결과를 보면서 다음과 같은 질문을 해보았다. "혹시 최고나 최악의 관리자로 평가된 사람들이 실제로는 그들이 잘하고 못해서가 아니라 그런 직원들을 만나서가 아닐까?" 왜냐하면 최고의 관리자로 평가된 이들이 사실은 운이 좋아서 뛰어나고 성격 좋은 구성원들을 만났을 수도 있기 때문이다. 마찬가지로 최악의 관리자라 평가된 이들은 운이 나빠서 불만이 많고 실력이 없는 구성원을 만나서 이런 결과를 가져올 수도 있었을 것이다.

이를 정확히 측정하기 위해서는 인위적으로 통제집단과 실험집단으로 나누어서 비교해야 하지만 실제 돌아가는 조직을

대상으로 이런 실험을 하기는 어려웠다. 그런데 다행히도 그 회사에는 인력들의 이동이 자유로웠기에 이것을 활용했다. 그들은 최고의 관리자 팀에 있던 팀원들이 최악의 관리자 팀으로 옮긴 경우와 그 반대의 경우를 자세히 관찰해보았다.

결과는 어떠했을까? 성과도 좋고 회사 만족도도 높았던 직원들이 최악의 관리자 팀으로 가자 회사에 대한 믿음을 잃었고 회사를 떠날 생각까지 했다. 그 반대도 마찬가지였다. 최고의 관리자 아래서 일하는 직원들은 성과도 높아졌고 이직률도 낮아졌다. 같은 직원이 어떤 관리자를 만나는가에 따라 성과와 행복도에 큰 변화가 있음이 확실해졌다. 관리자의 영향이 결정적임을 발견한 것이다. 직장인들이라면 대부분 어렴풋이 실감하는 부분이다.

발견 2: 어떤 관리자를 만나는가에 따라
성과와 조직 신뢰가 달라진다

동일한 구성원이라도 최상의 관리자를 만나는가, 혹은 최악의 관리자를 만나는가에 따라 성과와 조직 신뢰에 큰 차이를 보인다. 다음에 구글이 할 일은 이 '최고의 관리자' 특성을 찾는 것이었다. 과연 성과도 탁월하며 구성원들의 행복도도 높이는 최고의 관리자가 지닌 특성은 무엇일까?

이를 파악하기 위해 프로젝트팀은 최고의 관리자 군들과 최악의 관리자 군을 비교하는 접근법을 사용했다. 다양한 설문,

인터뷰, 통계적 방법들을 활용해 인사이트를 도출할 수 있었다. 이 비교를 통해 발견한 최고의 관리자가 지닌 8가지 특성은 다음과 같다.

① 좋은 코치가 된다.

② 직원의 권한을 높이고 시시콜콜 간섭하지 않는다.

③ 구성원 개인의 성공과 복지에 관심을 갖는다.

④ 결과 지향적이다.

⑤ 소통을 잘하고 정보를 듣고 공유를 잘한다.

⑥ 직원들의 경력 개발에 도움을 준다.

⑦ 팀의 방향에 대해 명확한 비전과 전략을 보여준다.

⑧ 팀과 구성원들에게 조언할 수 있는 직무기술 능력을 가진다.

이때 발견한 또 하나의 흥미로운 사실은 ⑧번 관리자의 기술적 전문성이 미치는 영향이 가장 미미했다는 것이다. 8가지 특성을 한마디로 요약한다면 '팀의 방향을 명확히 하며 구성원이 성장하고 성공하도록 돕고 코칭하는 리더'이다. 내가 쓴 《거인의 리더십》에서도 거시적(조직 방향) 관점과 미시적(개개인) 관점으로 나누어 각각의 방법론을 자세히 설명한 바 있는데, 이 결과와 일맥상통한다. 이에 대해 더 알고 싶다면 다음 사이트(https://www.betterup.com/blog/project-oxygen)를 참조하기 바란다.

구글의 연구 결과가 우리 기업에도 통할까?

프로젝트팀이 그다음 할 일은 무엇이었을까? 당연히 모든 관리자에게 최상의 관리자가 지닌 특성을 이식할 수 있도록 훈련하는 것이었다. 물론 아는 것과 아는 대로 행동하게 하는 것은 다른 문제다. 행동까지 나오도록 하기 위해서는 다른 접근법이 필요하지만 그 내용은 여기서 다루지 않기로 한다.

구글의 실험 결과가 '보편적이고 절대적인 진리'는 아니다. 구글이라는 특수성을 토대로 나온 결과이기 때문이다. 나 또한 실리콘밸리에서 도출한 결과를 그대로 적용하는 것에 의구심을 갖는 편이다. 예를 들어 국내 스타트업 CEO들이 가장 좋아하는 책 중 하나가 넷플릭스의 리드 헤이스팅스가 쓴 《규칙 없음》이다. 그런데 불행히도 이 책을 따라 해서 조직이 망가지거나, 경영자들만 규칙 없이 행동해서 이슈가 된 기업들이 적지 않다.

그 이유는 무엇일까? 콘텍스트, 즉 배경이 달랐기 때문이다. '규칙 없음'은 자율적으로 자신의 역할을 하며 자기 절제의 힘이 있는 사람들이 모였을 때 작동한다. 그런 근육이 없다면 역기를 들기 어려운 법이다. 이는 신뢰의 문제라기보다는 역량의 문제다. 그러므로 이런 의문을 가질 수 있다. '앞서 제시한 연구 결과는 구글에서 실험한 것이므로 구글에만 맞는 것이 아닐까?'

정말 그런지 알아보자. 예를 들어 구글에서는 관리자의 기술적 전문성이 팀의 성과와 행복도에 큰 영향을 미치지 않았다. 반면 직원들을 간섭하지 않는 것은 매우 큰 영향을 미쳤다. 그러나 이 결과는 구글에는 뛰어난 사람들이 가득하기 때문에 나온 것일 수 있다. 뛰어난 인력이 별로 없는 조직에서 팀의 성과를 이끌기 위해서는 관리자의 기술적 전문성이 매우 중요한 요소일 수도 있다.

나도 스타트업이나 빠르게 성장해야 하는 초기 단계의 조직을 맡았을 때는 가장 뛰어난 전문성을 무기로 삼았다. 대부분의 구성원이 역량이 미흡하고 신입도 많았기에 일을 전적으로 맡기고 코칭해서는 성과를 향상시킬 수 없었기 때문이다. 그러나 구성원들의 역량이 높은 조직을 맡았을 때는 상황이 달라졌다. 이 경우는 기술적 전둔성보다 '임파워먼트'가 훨씬 더 중요했다.

그러나 이러한 한계와 배경을 고려하더라도 앞서 제시한 구글의 연구 결과 대부분은 많은 기업에 적용할 수 있으리라 생각한다. 구글에만 한정되어 통용되는 이야기는 아니란 뜻이다. 특히 신세대의 영향력이 커지고, AI 전환이 가속화되는 지금의 상황을 고려한다면 더욱 그렇다. 유능한 인재를 확보하고 유지하며 고성과를 창출하기 위해서는 관리자들의 역할이 달라져야 한다.

과거에는 기업문화와 관리자들이 어떠하든 구성원들의 선

택지는 별로 없었다. 다른 기업들도 유사했기 때문이다. 그러나 지금은 달라지고 있다. 구글 같은 기업문화를 토대로 잘 훈련된 관리자들을 가진 기업들이 증가하고 있다. 이제 그렇지 않은 기업은 인재를 확보하기 어려우며 있는 인재도 유지하기 어렵다. 결국 기업은 경쟁력을 발휘하기 어렵게 된다. 구글이 발견한 8가지 특성으로 관리자들을 훈련시킨다면 그 기업은 성과 창출뿐 아니라 업계 인력 경쟁력 또한 발휘할 수 있을 것이다. 그러기 위해서는 기업의 오너와 CEO가 먼저 나서야 한다.

그래도 여전히 이러한 특성은 우리 산업군에는 맞지 않는다는 CEO나 경영자가 있을 것이다. 실제로 자신이 속한 산업군과 기업은 저런 약해빠진 관리자로는 성과가 나지 않는다고 말하는 경영자들도 적지 않다. 그들의 말이 맞을 수도 있다. 수직적이고 세부적으로 간섭하는 리더가 효과적인 산업군도 분명 있기 때문이다.

그러나 나는 이렇게 말하고 싶다. "구글의 접근법을 적용해보라." 당신 조직의 관리자들을 성과와 행복도 관점에서 조사해보는 것이다. 그리고 최상과 최악으로 분류하고, 양쪽 관리자의 특성을 비교해 그 차이가 무엇인지 도출해보자. 그러면 당신 회사에 적합한 최고의 관리자 모델을 도출할 수 있을 것이다. 내가 예상하건대 앞서 나온 8개 중 적어도 5개 이상은 일치할 것이다.

여기까지 잘 따라왔다면 이제 다음 단계가 궁금할 것이다. 그리고 이런 의문이 들 것이다.

'그러면 저 특성들은 선천적인가? 아니면 훈련될 수 있는 것일까?'

'훈련될 수 있다면 어떻게 훈련시킬 수 있을까?'

'훈련에 있어 가장 효과적인 방법은 무엇일까?'

'관리자들 채용 시 이를 선제적으로 파악할 방법은 없을까?'

답을 쉽게 구하기 전에 먼저 고민해보길 권한다. 다행히도 이런 고민이 당신 혼자만의 것은 아니다. 같은 고민을 한 거인들이 실험하고 연구한 결과가 있으니 참조해보자. 더불어 내가 쓴 《거인의 리더십》을 읽어보면 더욱 도움을 받을 수 있다.

4

조직에서의 생존 및 리더십 전략

"일류, 이류 그리고 삼류의 플레이는 어떻게 다른가?"

○

많은 리더, 특히 CEO들은 인재에 대해 관심이 많다. 당연히 일류 인재들을 확보하려 노력한다. 그러나 이보다 먼저 생각해봐야 할 것이 있다. '과연 리더들 자신은 일류일까?' '이 조직은 일류가 활동할 만한 환경일까?'

개인도 마찬가지다. 어떤 사람은 일류, 어떤 사람은 이류, 어떤 사람은 삼류 상태에 놓여 있다('상태'라고 표현하는 것은 변화의 가능성을 나타낸다). 자신의 한계를 벗어나서 점프업하려는 이들도 있지만, 그 자리에서 머물고자 하는 이들도 있다.

조직에서 일류, 이류, 삼류들은 어떤 플레이를 할까?

일류, 이류, 삼류의 플레이 방법

이것부터 먼저 살펴볼 필요가 있다. 그래야 우리 조직에 어떤 인재를 영입하는 것이 맞는지 파악할 수 있기 때문이다. 나는 고상하고 이상적인 이야기가 아닌 실전적인 이야기를 하고자 한다. 조직에서 일류, 이류, 삼류가 하는 플레이를 정리해보면 다음과 같다. 이 내용은 군터 뒤크의 《왜 우리는 집단에서 바보가 되었는가》를 참고했다.

- 일류는 일류를 고용하려 한다.
- 이류는 이류와 삼류를 고용하려 한다. 특히 이류는 자기에게 위협이 되지 않는 사람만 채용하는 경향이 있다. 자신의 실력을 넘어서는 인력은 회피한다.
- 삼류는 대개 뭘 모르고 착해서 뛰어난 사람을 고용하기도 한다. 문제는 상대가 일류인지 이류인지를 구분하지 못한다는 점이다.
- 일류는 이류나 삼류 밑에서 일하기 어려워한다. 그러나 이류는 이류뿐 아니라 삼류 밑에서도 일한다. 맞춰주고 적절히 활용하기도 한다.
- 이류와 삼류는 대개 탁월함이 약하기에 관계와 기법을 키운다. 일류는 굳이 정치나 로열티를 별로 신경 쓰지 않는다. 주머니 속의 송곳이기 때문이다. 그러므로 관계와 정치력이 필요한 대부분의 조직에서는 일류가 치이고, 이류가 높이 오른다. 그리고 야심 찬 이류들과

충성된 삼류들이 그를 추종한다. 경영서적들에서는 다들 자신보다 뛰어난 사람을 뽑으라 하지만 현실은 다르다. 이류는 일류를 경계한다. 자신보다 뛰어난 사람이 더 인정받는 것을 견딜 수 없고 위협이 된다고 생각하기 때문이다.

- 착한 이류는 자신의 능력 부족을 인정하지만 야심 찬 이류는 일류를 팽시키려 한다. 자신보다 능력이 부족한 충성스런 이류, 삼류를 데리고 일하고 싶어 한다
- 다수의 일류가 모인 조직은 탁월한 팀을 이루어 집단지성이 출현하지만, 소수의 일류가 다수의 이류로 둘러싸인 곳에서는 제 목소리를 내지 못한다.

일류, 이류, 삼류가 이렇게 다양한 플레이를 한다면 먼저 이들을 어떻게 구분하는지를 알아야 할 것이다. 가장 단순하게 정리하면 다음과 같이 나눌 수 있다.

일류는 절대적 최고의 기준을 추구한다

일류는 남들 눈에 예민하지 않다. 이에 상대적 비교보다는 절대적 우위를 추구한다. 미래를 기반으로 일하고 문제를 발견한다. 통찰이 있고 창의적이다. 자신의 소신이 분명하고 별로 눈치를 보지 않는다. 집중할 곳과 그렇지 않을 곳을 확실히 구분한다. 일류의 특성을 키워드로 표현하면 '탁월함, 크고 담대함, 대의, 미래' 등이다.

이류는 상대적 기준을 적용한다

이류를 나타내는 핵심 키워드는 '점수, 이득, 비교'다. 이들은 항상 비교와 보상에 예민하다. 경쟁자들보다 조금 앞서는 것이 초점이다. 현실 중심적이고 주어진 문제를 잘 해결한다. 효율적이다. 열심히 한다. 눈치가 빠르다. 인간관계도 좋은 편이다. 모범생이거나 스트리트 파이터다.

이류에도 두 종류가 있다. '북 스마트형 이류'와 '스트리트 파이터형 이류'다. 전자는 예의가 있고 교과서적 플레이를 하려 하며, 합리적이다. 규칙 안에서 일하고 논리에 능하다. 일 잘하고 공부 잘한다는 이야기를 듣는다. 대개 규모가 크고 안정된 기업이나 전문가 집단에 많다. 이들은 주위로부터 잘나고 일 잘한다고 인정받지만, 대개 스스로 일류가 아님을 안다.

후자는 스트리트 파이터 같은 유형이다. 실전과 꼼수, 머리 회전, 단기적 이득, 돈 냄새에 능하다. 대개 스타트업, 맨주먹에서 큰돈을 번 기업, 급속하게 성장한 기업들이나 정치적인 조직에 많다. 큰 성공을 거둔 테크 기업 경영자들 중에도 이런 유형이 꽤 있다. 자기에게 충성하지 않거나 단기적으로 도움이 안 되는 산하 리더들을 가차 없이 처단한다. 흥미롭게도 이 부류는 일류가 아닌데 스스로 일류로 착각하는 경우가 많다.

삼류는 기준 자체가 낮다

삼류를 나타내는 키워드는 '안전, 눈앞의 일, 책임 회피'다.

스스로 높은 기준을 세우기보다 주어진 일을 무난히 넘기는 데 초점을 둔다. 큰 그림을 그리거나 미래보다는 당장의 안정과 지시에 따르는 것을 선호한다. 탁월함보다는 무사함을, 성과보다는 생존을 우선시한다.

유형별로 조직에서 처신하고 대응하는 법

당신이 일류라면?

당신이 일류라면 스스로 일하거나 창업을 하거나 일류에게 고용되어라. 당신이 일류들을 모을 수 있는 사업가라면 최상이다. 그렇지 않다 해도 일류 리더나 일류 사업가에게 고용된다면 당신은 빛을 보게 될 것이다.

당신이 이류가 모인 곳으로 간다면 어떻게 해야 할까? 물론 착한 이류들도 많다. 그러나 경쟁적인 이류들 사이에 들어가면 대개 당신은 질투의 대상이 될 것이고 어느 시점에 팽당할 가능성이 높다. 당신은 평소 일 잘한다고 칭찬받았던 이류들을 바보로 만들기 때문이다. 이순신 장군을 보고 배워라. 때론 타협도 아부도 하고 살아야 한다. 물론, 쉽지 않겠지만.

삼류나 그 아래가 모인 곳으로 간다면? 답답하고 멍청해서 견딜 수 없을 것이다. 그래도 삼류들은 덜 경쟁적이기에 때로 누군가의 간섭 없이 자율적으로 마음껏 플레이할 수도 있다.

특허국에서 일한 아인슈타인이 그 좋은 모델이다.

당신이 리더라면 어떻게 해야 할까? 직원 채용은 이류에게 맡기지 말아야 한다. 이들은 이런저런 이유를 대면서 능력 있는 일류를 뽑지 않으려 할 것이기 때문이다. 균형이란 이름으로 무난한 사람을 뽑는다. 직접 인력을 채용하든지 다른 일류에게 맡겨라. 순수한 이류나 삼류들은 무시하지 말고 잘 대해주어라. 주위 사람들의 비전이나 능력이 자신보다 작고 약하다는 것을 이해하라. 조직에는 그들의 역할도 필요하다는 것을 기억해야 한다. 이때 조심할 것이 있다. 당신에게 충성을 보이면서 뒤로는 일류들을 배제하고 배신할 위험이 있는 야심 찬 이류들을 조심해야 한다.

당신이 이류라면?

일류들이 가득한 곳으로는 가지 마라. 너무 큰 비전과 목표, 도전, 스마트함 때문에 오히려 일하기 어려울 것이다. 모차르트들이 있는 곳에 살리에리가 간다면 어떻게 될지 안 봐도 알 것이다. 그래도 가게 된다면 최대한 그들에게서 배워라. 그들과 경쟁하려 하지 말아라. 어차피 당신은 그런 곳에서는 열등감 때문에 오래 있지 못할 것이다.

그러나 일반적인 조직으로 간다면 당신이 높은 사람이 될 가능성이 높다. 조직이 탁월함이나 가치를 중시하지 않을수록 당신에게 유리하다.

이류인 당신이 리더라면?

일류의 채용은 쉽지 않지만, 일류 직원을 채용해야 조직이 점프업할 수 있다. 비교에 예민하고 자신이 제일 잘나고 똑똑해 보여야 하는 당신의 성향상 일류와 오랜 기간 같이 일하기는 쉽지 않을 것이다. 그러나 일류 직원이 당신 회사에 있다면 그를 경쟁자로 인식하거나 비교하려 들지 마라. 존중하고 잘 대해주며 자율을 주어라. 자존심을 세우지 말고, 맡기고 배워라. 마이크로 매니징을 하지 마라. 있는 동안에는 최대한 성과를 만들도록 지원하는 것이 현명하다. 당신이 이류라도 마음의 폭이 크고 진정성이 있는 상사라면 일류들이 따르기도 한다.

당신이 조심할 사람은?

스트리트-스마트형 이류를 특히 조심하라. 당신이 북-스마트형이라면 이들에게 이용당하거나 뒤통수를 맞을 가능성이 높다. 자신의 발톱을 숨기고 당신을 따르는 듯 보이는 야심 찬 이류 또한 당신이 힘이 빠지면 언제든 당신을 외면할 것이다.

당신이 삼류라면?

이류 아래서 일할 가능성이 높다. 자신의 전문성을 만들어 대치가 어렵게 하라. 충성스럽게 일하는 수밖에 없다. 단지 과도하게 야심 차거나 경쟁적인 이류를 만나면 희생당하거나 가스라이팅을 당할 수도 있으니 주의하라.

삼류인 당신이 리더라면?

아마 당신이 리더가 되었다는 것은 운이 좋았거나 금수저일 가능성이 높다. 의외로 당신은 일류를 뽑을 수도 있다. 왜냐하면 당신은 야심 찬 이류처럼 잔머리는 쓰지 않기 때문이다. 당신은 능력은 좀 부족해도 순수한 사람일 수도 있다. 순수한 이류를 만나도 좋다. 태도가 마음에 안들 수 있지만 뛰어난 일류를 만난다면 잘 대해주어라. 솔직히 자신의 약점과 무지를 인정하고 그들에게 도움을 청하라. 그들에게 맡기고 크게 보상하라. 일류가 있다면 당신은 아무 일도 안하고 그저 그들에게 맡기는 것이 최상이다. 그러면 당신이 삼류라도 일류나 이류를 쓰고 크게 번창할 수 있다. 당신이 마음의 폭이 넓고 겸손하며 진정성이 있다면, 비록 당신이 재능과 실력이 부족한 삼류일지라도 일류나 이류 직원들이 당신을 존경하기도 한다. 단지, 유능하고 충성스러워 보이지만 과도하게 경쟁적이고 야심 찬 이류만 조심하라. 그들은 당신의 뒤통수를 칠 수 있다.

물론, 일류, 이류, 삼류는 고정된 것이 아니다. 삼류라도 성장하면 일류와 이류가 될 수 있고, 이류도 각성하고 뜻을 품으면 일류가 될 수 있다. 일류도 타협하거나 의욕을 잃으면 이류나 삼류로 전락할 수 있다. 앞서 일류, 이류, 삼류를 상태로 표현한 것도 이러한 변화의 가능성 때문이다.

5

리더십에 대한 환상과 오해

"착한 리더십이 아닌 독한 리더십을 배워야 하는 이유"

○

경영에서 가장 빈번하게 오남용되는 용어 중 하나는 '리더십'이다. 대개 '리더십'은 마치 모든 것을 해결해주는 도깨비방망이처럼 언급되곤 한다. 리더들을 묘사하는 모습 또한 너무 초인적이며 인격적이고 고상한 관점에 치우쳐 있다. 리더십 책이나 리더십 코치들은 현실과 동떨어진 이상적이고 완벽한 모습의 리더십을 가르친다.

왜 그럴까? 대개 리더십을 가르치는 이들은 조직 현장에서 산전수전을 겪고 올라간 이들이 아니다. 순수한 학생들을 가르치는 이들이 많다. 또한 조직 생활을 경험한 이라 해도 치열한 전투를 통해 위로 올라간 경험을 가진 이들은 드물다. 오히려 순수하고 성실하며 일만 열심히 했던 이들이 많다. 가르치는 이들 중 산전수전 다 겪고 높이 올라간 이들도 가끔 있지만, 대체로 자신의 경험 중 좋은 부분만 말하려 한다. 혹은 교과서에 나오는 멋진 덕목과 연결해서 말하는 경향이 있다. 그건 나도 마찬가지다.

그런데 이렇게 해서 만들어진 오해는 문제를 야기한다. 현실과 다르기 때문이다. 주로 이런 식의 문제들이다.

첫째, 대중으로 하여금 리더에 대한 환상을 갖게 한다. 그러다 보니 스스로의 책임, 역할과 권한을 수행하는 데 머뭇거리게 되고 리더를 과도하게 우상시하거나 리더에게 의존하게 된다.

둘째, 착한 리더 후보자나 리더들은 완벽한 리더가 되지 못한다는 것에 대해 스스로를 참망한다. 혹은 지나친 자아 성찰로 과도하게 겸손하게 굴고 더 큰 책임을 포기한다. 반면 야심 있고 독하거나 나쁜 리더들은 항상 자신감에 충만할 뿐 아니라 주위를 개의치 않는다. 동호나 영화와 달리 승리는 대개 후자의 몫이다.

셋째, 착한 사람들은 리더십의 목적을 간파하지 못하고 좋은 사람 되는 데 치중한다. 그러다가 막상 중요한 성과 창출을 이루지 못한다. 독한 사람이나 나쁜 사람들에게 치이거나 밀린다.

그렇다면 우리는 리더십에 관해 어떤 오해들을 하고 있을까? 리더십에 대한 오해와 진실 몇 가지를 정리해보고자 한다. 더 많은 내용은 《거인의 리더십》을 참고하기 바란다.

오해 1: 완벽하고 균형 잡힌 리더가 되어야 한다

소위 리더십 대가들은 리더들에게 '절대적'이고 '만능'인 리더십을 요구한다. 나의 책 《거인의 리더십》에서도 언급했지만 마치 이런 모습이다. "리더는 테레사 수녀처럼 사랑에 가득 차나 때로 스티브 잡스나 잭 웰치처럼 냉혹해야 한다. 앤드루 그로브처럼 지독하게 디테일을 파고들어야 하지만 짐 굿나이트Jim Goodnight처럼 관대하며 권한을 위임해야 한다. 베이조스처럼 악착같은 실행력이 있어야 하지만 리처드 브랜슨Richard Branson처럼 재미있어야 한다."

세상에! 현실에 정말 이런 리더가 있을까? 최고 권력의 자리에 오른 대통령들을 한번 생각해보라. 멀리 갈 것도 없이 우리나라 대통령들만 봐도 알 수 있다. 어떤가? 정말 그토록 완벽한 리더십을 갖추고 있는가? 세계 또는 국내 최고 기업들의 유명 창업자들도 떠올려보자. 어떤가? 앞서 언급한 완벽한 리더의 모습을 갖춘 사람이 단 한명이라도 있는가?

단 한 사람도 없다. 그런데 왜 평범한 리더들에게 이런 모습을 강조하고 가르치는 것일까? 나 또한 지금까지 많은 리더를 만났지만 완벽한 리더는 단 한 명도 없었다. 강점이 있지만 큰 약점 또한 있었다. 관대하고 부드러우면 정치력이 약했고, 정치적이고 성과 중심적이고 노련하면 진정성과 사랑이 부족했다. 카리스마 리더는 공감이 부족했고, 공감의 리더는 결단력이 약했다. 이 모든 것을 가진 리더들은 없었으며, 있을 수도 없다. 다시 말해 완벽한 리더란 없다는 말이다.

다들 자신만의 개성과 강점이 있고 그 개성과 강점을 활용해서 조직의 힘을 모아 성과를 창출하는 것이다. 그런데 이상적인 리더십을 가르치는 이들이나 배우는 이들은 이런 완벽하고 균형 잡힌 리더십을 가지길 희망한다. 그러면서 자신을 항상 부족하다고 여긴다.

리더십 진단을 받아보면 퍼턴은 항상 유사하다. 이런 몇 가지 항목들을 나열해놓고 스파이더 차트로 As-Is와 To-Be를 표시한다. 균형 잡혀야 한다고 권고한다. "당신은 현재 너무 주도적이니 수용성을 보완해야 한다. 당신은 공감력이 너무 높으니 결단력이 좀 강해야 한다." 이런 식이다. 불행히도, 단점이라고 하는 성향이나 기질은 어차피 고쳐지지도 않는다.

물론 정말 문제가 될 정도로 낮다면 그것은 보완해야 한다. 모든 것이 적절해야 균형이 맞는다고 보는 이들이 있다. 단점을 고쳐야만 훌륭한 리더가 된다며 거기에 매달리는 코치나 리더들을 보면 답답하다. 나는 '절대적'이고 '만능'인 리더십은 있을 수도 없고 있을 필요도 없다고 생각한다. 만능 리더십이란 환상에 불과하다. 오직 상황에 따라 더 적합한 리더십이 있을 뿐이다. 테레사 수녀 같은 리더십이 적합한 환경과 잭 웰치 같은 리더십이 적합한 환경이 따로 있다는 말이다.

국가 또한 마찬가지다. 균형 잡히고 모든 것이 뛰어난 사람이 대통령이 되는 게 아니라, 그 시대가 원하는 정신과 대중의 요구에 가장 가까운 스타일의 리더가 대통령으로 선출된다. 물론 훌륭한 리더라면 상황에 따라 적합한 리더십을 발휘할 수도 있겠지만, 대부분의 리더는 자신의 스타일을 탐구해 자신의 역량을 극대화한다. 그에 맞춰 탁월한 성과를 창출할 수 있는 환경을 찾는 것이 중요하다. '절대적'이고 '만능'인 리더십을 요구하는 책을 읽고 배우면서 자신이 그 수준에 못미친다고 자책하고 자신감을 잃을 필요가 없다는 뜻이다.

오해 2: 인격이 출중해야 한다

리더십 교과서와 리더십 코치들은 리더의 '인성'이나 '인격'을 지나치게 강조하는 경향이 있다. 마치 성인이나 도덕군자가 되라는 것처럼 여겨질 정도다. 이를 배우는 이들은 착한 리더가 이상적이라는 생각으로 남들의 반응에 과도하게 의식하게 되고, 결단이 필요할 때 결단하지 못하고 독해져야 할 때 독하지 못한다. 수단과 방법을 가리지 않고 착취하는 리더가 되라는 이야기가 아니다. 나쁜 리더가 난무하는 만큼 인격적이고 착한 리더가 필요한 것은 사실이다. 그러나 리더가 종교 지도자는 아님을 기억해야 한다.

리더십의 목적 또한 착한 삶을 사는 것이 아니다. 의사의 가장 중요한 목적은 무엇인가? 병을 잘 고치는 것이다. 정비사는 차를 효과적이며 빠르고 낮은 비용으로 고치는 것이 주된 업무다. 예전에 자동차에 문제가 생겨서 한 정비공장을 찾았다. 그곳의 정비사는 참 착하고 좋은 사람이었다. 내 차를 땀을 뻘뻘 흘려가며 몇 시간이나 조사하더니 몇 가지 문제가 있는 것 같다며 몇 십만 원의 견적을 내었다. 마침 시간이 없어서 일단 차를 가져갔다가 내일 오겠다그 했다.

그다음 날 마침 주위에 직영 대형 정비공장이 있기에 그곳에 들렀다. 불친절하고 딱딱한 정비사가 나왔다. 그는 몇 분 뚝딱 보더니 어떤 곳에 문제가 있다고 진단하며 몇만 원으로 해결했다. 우리에게 필요한 정비사는 친절하고 인격적인 정비사가 아니다. 인격적이고 친절까지 하면 더 좋겠지만, 나는 빠르고 효과적이며 싼값으로 우리의 차를 수리해주는 사람을 선택할 것이다. 정비학교에서 인격을 가르칠 이유는 없다.

의사도 마찬가지다. 친절하그 인격이 풍부하고 열심이긴 한데 제대로 진단하지 못하고 치료하지 못한다면 의사로서 유능하다고 할 수 없다. 리더도 마찬가지다. 리더는 조직을 효과적이며 효율적으로 이끌고 목표한 성과를 창출하면 된다. 물론 법을 어기거나 규정을 해쳐서는 안 된다. 지금까지의 논의는 이것을 전제로 한다. 그러나 착한 인성과 따뜻함까지 요구하긴 어렵다. 청빈하게 살고, 이혼도 안 하고, 아이들에게도 좋은 아빠가 되는 것까지 요구할 수는 없다는 말이다.

그럼에도 여전히 우리는 리더에 대해 과도한 도덕심과 인격을 요구하는 경향이 있다. 이에 다양한 교육 프로그램들이 생겨난다. 문제는, 착한 리더는 이런 교육을 받아 더 착해지는 데 반해 나쁜 리더는 어차피 이런 교육 자체에 관심을 두지도 않고 배우지도 않는다는 점이다. 그러므로 착한 사람만 더 착해진다. 어차피 나쁜 리더는 변하지도 않는데 말이다.

착한 사람이 더 착해지면 세상이 나아질까? 그렇지 않다. 나쁜 사람이 착해지면 세상이 나아질 테지만, 그만 착해도 되는 사람만 더 착해진다. 오히려 착한 사람은 좀 강해지고 독해져야 하는데 말이다. 조직의 정치적 환경에 따라 다르지만, 정치력이 어느 정도 이상 필요한 조직에서는 착한 리더들은 오히려 치이고 만다. 독한 리더들은 성과도 악착같이 창출하고 정치도 잘한다. 정글 같은 기업 환경에서는 당연히 독한 리더가 승승장구한다.

착해야 한다는 교육을 받은 순수한 리더들은 미션이니 뜻이니 선한 영향력이니 하면서 양보하고 배려한다. 우유부단하며 귀가 얇기도 하다. 네트워크가 약하니 정세 파악에 둔하다. 독하지 못하다. 독하면 착한 사람이 못 될까 싶어 좋게 해결하려 한다. 성과 중심은 너무 냉정하다고 여긴다. 오른뺨을 맞으면 같이 뺨을 치기는커녕 왼뺨도 내어준다. 주어진 권력과 권한도 과감하게 쓰지 못한다. 책임진다고 나서서 잘리기도 한다. 세력이 없어 밀리기도 한다. 썩은 사과를 쳐내지 못해서 오히려 그들에게 이용을 당하거나 배신을 당하기도 한다. 싸워야 할 상황에서도 무기력하다. 겉으로 도덕적 모습을 보여왔기에 작은 약점에도 무너진다. 이런 이유로 착한 리더의 경우, 정말 실력이 뛰어나거나 전문성이 출중해 조직에서 함부로 대하지 못하는 소수를 제외하고는 위로 올라가는 데 실패한다.

반면 독하거나 나쁜 인간들은 유연하며 엎드릴 때는 바싹 엎드리고 힘이 있을 때는 강력한 힘을 발휘해 악착같이 살아남아 결국 올라간다. 약점이 드러나도 뻔뻔하게 돌파한다. 이들은 멘탈도 강하다. 이후 강하게 권한을 발휘하며 더 큰 책임과 영향력을 발휘한다.

순수하고 공정한 실력 중심의 조직들에서는 이러한 현상이 없거나 매우 적을 것이다. 그러므로 이러한 현상이 일반적이라고 말할 수는 없다. 그러나 그 비율이 얼마나 될지 모르겠다. 대개의 조직은 정치적으로 매우 복잡하므로 착한 리더들은 중간에 한 명씩 사라진다. 결국 위로 올라갈수록 순수하고 착한 리더들을 보기 어려워진다. 그러므로 착한 사람들은 이런 리더십 사상에 너무 매몰되지 않도록 일정 부분 경계할 필요가 있다. 착한 것이 리더십의 최고 덕목이 되어서는 안 된다는 말이다.

오해 3: 성격이 외향적이고 카리스마 있어야 리더감이다

우리는 리더십이 있다는 말을 카리스마 있다는 말과 거의 유사하게 사용한다. 카리스마가 있는 사람에게 리더십이 있다는 표현을 쓴다는 것이다. 그러나 카리스마 있는 사람들이 정말로 훌륭한 리더십을 발휘할까? 결코 그렇지 않다. 역사적으로 카리스마적 리더십을 가진 리더들은 대개 모 아니면 도였다. 큰 턴어라운드를 만들었지만 크게 망가뜨리기도 했다.

최근 실리콘 밸리를 중심으로 통하는 글로벌 리더십은 이런 유형이 아니다. 공감과 외유내강 리더십이 각광을 받고 있다. 왜일까? 점점 복잡해지고 불확실성이 높아지기 때문이다. 과거와 달리 지금은 리더 개인의 통찰이나 지식으로만 판단하기 어려운 시대다. 많은 구성원이 수평과 자율을 원하고 있다. 이러한 상황에서 리더들은 구성원들을 경청하고 공감하고 때로 위임하면서 명확한 판단을 해야 한다. 어설픈 지식과 전략으로 그저 '나를 따르라' 식의 독선적 리더십은 조직 전체를 구렁텅이에 빠지게 할 위험이 크다.

물론 카리스마 리더가 필요한 곳과 때가 있다. 오합지졸이 있을 때, 혼란스러울 때, 다들 제멋대로일 때, 무언가 새로 시작할 때, 턴어라운드가 필요할 때 큰 역할을 할 수 있다. 그러므로 리더십은 성향의 문제가 아니라 상황의 문제다. 외향적이고 카리스마형이 적합한 환경이 있고, 내향적이고 공감의 리더십이 적합한 환경이 있을 뿐이다.

오해 4: 리더가 되어야지 관리자(또는 보스)가 되면 안 된다

이 둘을 비교하는 그림들이 있다. 리더는 자기가 짐을 끌고, 보스는 직원들에게 짐을 끌게 한다. 리더는 솔선수범하고 구성원들에게 영감도 주고 밥도 제일 늦게 먹고 희생하는 좋은 사람이고, 관리자나 보스는 구성원들을 시키고 통제나 하는 나쁜 사람이라는 상징을 보여주는 것이다.

앞서 언급했듯이 리더와 관리자는 역할이 다르다. 리더는 변화를 만드는 사람이고, 관리자는 복잡성을 잘 관리하고 통제해서 목표를 달성하도록 하는 사람이다. 필요한 때와 장소가 다른 것이다. 리더가 필요한 곳이 있고 관리자가 필요한 곳이 있다. 체크리스트와 절차를 기반으로 꼼꼼히 관리해야 할 환경에는 관리자가 더 적합하다. 반면, 실적이 고꾸라져가는 환경이나 새로운 도전이 필요한 환경, 돌파해야 할 환경 등에는 리더가 필요하다. 이처럼 필요와 쓰임새가 다른 것이지 리더는 좋은 것이고 관리자는 나쁜 것이 아니다.

오해 5: 리더십은 성공에 결정적인 역할을 한다

조직 성공에 있어서 리더가 미치는 영향은 여러 가지 중 하나의 요소다. 성공을 만드는 데는 수많은 변수가 있다. 사실 가장 큰 요인은 '운'이다. 타이밍과 사업 모델이 좋으면 이상한 리더가 있어도 회사는 잘 된다. 예를 들어보자. W라는 회사가 있다. 그곳 CEO는 무능하고 엉망이었다. 힘으로 직원들을 제압하며 괴롭혔고, 성희롱으로 사회에 물의를 일으켜 결국 감옥에 갔다. 그 회사는 망했을까? 그 회사의 비즈니스 모델은 환상적이라 CEO가 엉망인 데다 감옥까지 갔지만 여전히 엄청난 이익을 남긴다.

리더가 뛰어나면 조직이 잘될 가능성이 높아지긴 하지만, 그것이 100퍼센트를 정하는 것은 아니다. 리더가 중요하지 않다는 의미가 아니라 리더의 능력은 성공을 이루는 여러 요소 중 하나라는 것이다. 우리는 리더가 기업을 구해주고 부흥시킬 것이라는 환상에 빠져 있다. 절대적 구원자처럼 여기는 것이다. 흥미로운 것은 리더가 성공에 영향을 미치는 비중은 조직의 규모가 크면 클수록 낮다는 점이다. 예를 들어 10명의 회사에서 리더가 성공에 미치는 영향은 절대적이겠지만 100명, 1,000명, 1만 명을 거치면 거칠수록 리더의 영향은 낮아진다. 일반인의 상식과 달리 큰 규모의 회사나 정부 기관의 고위직에는 누구를 앉히든 큰 차이가 없는 경우가 많다. 조직을 가동시키는 시스템이 있기 때문이고 변수가 더 많기 때문이다.

그러나 여기에는 중요한 사실이 하나 있다. 리더십만으로 성공을 만들기는 어렵지만, 리더십만으로 조직을 망가뜨릴 수는 있다는 점이다. 성공은 다양한 요인이 복합된다. 앞서 살펴봤듯 무언가 한두 개가 잘 된다고 성공하기는 어렵다. 리더가 잘한다고 해서 성공이 '보장'되는 것은 아니라는 뜻이다. 그러나 실패는 그렇지 않다. 무엇 하나 크게 잘못하면 조직이 망할 수 있다. 큰 법규 위반 하나로, 큰 분식 회계 하나로, 큰 사고 하나로, 큰 고객 손실 하나로 회사는 망할 수 있다. 엉망인 리더 하나로 회사는 망가질 수 있다.

"리더 혼자서는 좋은 기업을 훌륭한 기업을 만들 수 없지만 회사를 망하게 하는 데는 어떤 기업이든 하나의 리더로 충분하다."라는 짐 콜린스Jim Collins의 말이 이를 가장 잘 보여준다.

리더는 무엇을 목적으로 하는 사람인가?

리더가 무엇을 목적으로 하는 사람인지 그 답은 단순하다. 리더는 조직을 이끌어 지속 가능한 성과를 창출하는 것을 목적으로 한다. 여기서 '지속 가능'하다는 표현이 중요하다. 이것을 잘하면 되고 이것에 전문가이면 된다. 물론 인격이 좋고 태도도 좋으면서 지속 가능한 성과 창출까지 한다면 정말 존경스럽다. 최고의 리더다.

그러나 그것은 최고의 의사에게 친절까지 바라는 것과 유사하다. 사람 좋고 푸근한 반면 오진을 자주 한다거나 수술 실력이 형편없다면 그 의사는 결코 좋은 의사일 수 없다. 당신이 암에 걸렸다고 해보자. 두 명의 의사가 있다. 한 명은 친절하고 따뜻하고 공감해주며 착하고 잘생기고 가정도 화목하며 인격이 고상하고 세련되고 성실하다. 그런데 실력이 별로다. 다른 의사는 외모도 별로고 성격도 안 좋고 괴팍하며 이혼도 했고 차갑다. 그런데 실력만큼은 출중하다. 누구를 선택할 것인가? 당연히 나는 후자의 의사를 선택할 것이다.

나 역시 인성을 강조하는 착한 리더십 교육만 받아왔던 사람 중 한 명이다. 하지만 현업에서 일하다 보니 그런 가르침이 답답하다는 생각이 들었고, 우리의 리더십 교육도 달라져야 한다는 필요성을 느꼈다. 그래서 '순수하되 독하고 성과를 내는 리더'를 양성하는 '리더십 아카데미'나 '커뮤니티'를 만들 계획을 갖고 있다.

6

경영자의 시간과 에너지 관리법

"바쁨은 미덕이 아니다, 관리되지 않은 위험이다"

○

얼마 전 한 기업의 임원을 만났다. 젊은 나이에 빠르게 승진한 인물이었다. 그는 사내에서 거의 뛰다시피 이동했고, 하루 평균 수면 시간은 겨우 네 시간이라고 했다. 그의 열정은 인상적이었지만, 나는 한 가지 질문을 던졌다.

"이 상태로 얼마나 오래 갈 수 있을까요?"

많은 경영자들이 늘 시간에 쫓기고 에너지 고갈을 호소한다. 그러나 이는 단순한 피로의 문제가 아니다. 다음과 같은 심각한 리스크를 내포하고 있다.

첫째, 잘못된 의사결정의 가능성이다.

피로하고 고갈된 상태에서는 누구도 좋은 결정을 내리기 어렵다. 경영자는 로봇이 아니기 때문이다. 에너지가 떨어지면 사소한 실수가 치명적인 결과로 이어질 수 있다.

둘째, 지속가능성의 붕괴다.

과로는 결국 건강과 가정의 균형을 무너뜨린다. 아무리 높은 연봉도 무너진 몸과 관계를 회복시켜주지는 못한다. 아무리 일을 많이 하고 보수를 많이 받아도, 자신의 건강을 해친다면 무슨 소용이 있겠는가. 물론 회사의 상황과 스테이지에 따라 일시적으로 바쁠 수는 있다. 그러나 '항상 정신없이 바쁜' 상태가 지속된다면, 이는 분명 자기 관리에 문제가 있다는 신호다.

경영자들은 대개 뛰어난 집중력과 추진력을 갖고 있다. 하지만 '무한한 에너지'를 가졌다는 착각은 가장 위험하다. 지속 가능한 리더십은 에너지를 어떻게 아끼고, 어떻게 충전하느냐에 달려 있다.

그렇다면 에너지는 어떻게 아껴야 할까?

첫째, 에너지를 소모하는 요소를 제거하라.

어떤 일, 어떤 사람, 어떤 환경이 내 에너지를 빼앗고 있는지를 파악할 필요가 있다. 업무 중 비효율적인 루틴, 감정 낭비, 소모적인 인간관계를 점검하라. 이를 바탕으로 자동화하고, 위임하고, 삭제해야 한다.

둘째, 불필요한 결정에 에너지를 쓰지 마라.

마크 저커버그나 스티브 잡스가 매일 같은 옷을 입은 이유는 단 하나다. '결정 피로Decision Fatigue'를 줄이기 위해서다. 업무도 마찬가지다. 중요하지 않은 일은 습관화 및 자동화하고, 타인에게 위임하라. 아예 자신이 처리하지 않는 선택도 필요하다. 중요하지 않은 일에 에너지를 소모하면 정작 에너지를 써야 할 순간에 힘이 남아 있지 않게 된다.

셋째, 감정 낭비는 곧 에너지 낭비다.

중요하지 않은 일에 감정을 쓰지 말아야 한다. 화를 내거나 감정적으로 소모되면 에너지는 급격히 빠져나간다. 나는 간혹 주문한 음식과 다른 것이 나와도 웬만하면 그냥 먹는다. 굳이 에너지를 쓸 필요가 없기 때문이다. 운전할 때 끼어드는 차량에 모든 에너지를 소모하는 사람들도 있다. 작은 일에 감정을 써버리면 중요한 일을 냉정하게 처리하기가 어려워진다.

넷째, 사람 관계에서도 에너지를 관리하라.

주변 사람들을 분류해보라. 대개 세 유형으로 나눌 수 있다. '에너지를 빼앗는 사람', '에너지를 주고받는 사람', '에너지를 주는 사람'이다. 많은 경우 경영자들은 첫 번째 유형의 사람들로 인해 소진된다. 인간관계에서 에너지를 빼앗기면 중요한 일에 집중할 수 없게 된다. 에너지를 빼앗는 사람과는 거리를 두는 선택이 필요하다. 경영자는 종종 '에너지 흡입자'에게 소진된다. 관계의 질 역시 전략적으로 조정해야 한다.

그렇다면 에너지는 어떻게 충전해야 할까?

첫째, 나만의 충전 루틴을 가져라.

독서, 운동, 종교 활동, 산책, 글쓰기 등 자신만의 리추얼이 필요하다. 에너지 충전은 충동이 아니라 시스템이 되어야 한다. 구글 공동창업자는 전설적인 코치 빌 캠벨에게 이런 조언을 받았다고 한다

"아무리 바빠도 매주 몇 시간은 모든 디지털 기기를 꺼두고 자신을 돌아보는 시간을 가져라."

나 역시 40대 중반부터 매주 주말 반나절은 혼자 카페에 앉아 한 주를 정리하고 다음 주를 설계하는 시간을 갖고 있다. 이 루틴을 10년 넘게 유지해온 덕분에, 에너지가 고갈되는 삶이 아니라 축적되는 삶을 살아올 수 있었다.

그렇다면 수많은 일을 어떻게 쳐내고 시간을 효과적으로 관리할 수 있을까?

많은 임원이 늘 바쁘다. 그런데 흥미로운 사실이 하나 있다. 대부분의 대기업 임원들은 퇴임 시 업무 인수인계를 거의 하지 않는다는 점이다. 자신이 없으면 회사가 돌아가지 않을 것처럼 일하지만, 그다음 날 다른 사람이 와도 조직은 정상적으로 돌아간다. 누군가 떠나도 조직은 유지된다. 결국 정말 중요한 일을 하고 있었는지에 대한 질문이 남는다.

그래서 우리는 다음과 같이 자문해볼 필요가 있다.

- 내가 이 일을 하지 않으면 발생할 수 있는 최악의 상황은 무엇인가?
- 이 일을 다른 사람이 해도 문제없이 돌아가게 하려면 무엇을 준비해야 하는가?

내가 하지 않았을 때의 영향이 크다면, 그 일은 우선순위가 높은 일일 가능성이 크다. 그러나 많은 경우, 자신이 하지 않아도 큰 문제가 생기지 않을 일까지 붙잡고 있는 경우가 많다. 일부 경영자들은 '바쁘다는 느낌' 자체를 즐기기도 한다. 매우 많은 일을 하고 있고, 회사에 크게 기여하고 있으며, 의미 있는 존재라는 감각을 바쁨에서 얻기 때문이다.

하지만 그 바쁨이 정말 가치 있는 일에 쓰이고 있는지는 냉정하게 점검해볼 필요가 있다. 지금 당신은 정말 중요한 일에 시간을 쓰고 있는가? 아니면 '바쁘다는 상태'로 스스로를 정당화하고 있는가?

당신의 시간과 에너지는 한정되어 있다. 그것을 전략적으로 사용하는 사람만이 지속 가능한 리더가 될 수 있다.

7

경영자와 경영학자의 차이

**"경영 현장에서는 이론과 실제의
현명한 공조가 필요하다"**

○

내가 만나는 사업가들 중 이런 말을 하는 이들이 꽤 있다.

"경영학이라는 거 배워봤자 소용없습니다. 경영학 교수님들에게 사업하라고 하면 잘하겠습니까? 논문과 책이나 보셨지 실제 현장 경험을 제대로 해보시지 않은 이들이잖아요. 오히려 저는 다른 창업자들이나 CEO들의 멘토링이나 책에서 더 도움을 받습니다."

기업 임원들도 비슷한 불평을 한다. "회사에서 교수님들 모셔서 배우기는 하는데요, 재무나 마케팅 같은 기술적인 부분

외에는 대개 공자님 말씀이 많아요. 특히 전략, 인사, 리더십, 일반 경영 이런 쪽은 좀 뜬구름 잡는 것 같아요. 오히려 글로벌이나 타사의 사례들을 구체적으로 제시하고 솔루션을 제시하는 전문 컨설턴트들이 현장에서는 더 도움이 되더라고요.”

경영학 이론은 정말 현장에서 아무런 도움이 되지 않을까?

사실 나는 교수님들께 많은 도움을 받았다. 특히 이전어 근무했던 모그룹에서는 임원들을 대상으로 경영학과 교수님들을 초대해 정기적으로 매달 반나절씩의 교육과 세미나를 오픈했다. 공부를 좋아하는 나는 몇 년간 꾸준히 참석해 전략, 마케팅, 재무회계, 인사, 리더십, 신사업, 트렌드 등 다양한 영역에서 많은 동향과 지식들을 흡수할 수 있었다. 이를 통해 경영자로서의 기반을 잘 쌓을 수 있었고, 무엇보다도 생각하는 힘을 기르며 꾸준히 동기를 유지할 수 있었다.

그런데 의외로 경영학자와 경영자가 비슷하다고 생각하는 이들이 꽤 많다. 경영학자들을 ‘돈 버는 전문가’나 ‘사업 전문가’ 또는 ‘경영 전문가’로 오해하는 것이다. 그런데 경영학자와 경영자는 다르다.

나는 대학 시절, 할머니가 계신 시골로 놀러 가곤 했다. 할머니는 나를 불러 말씀하셨다. “손자야, 시계가 잘 가다가 왜

안 가는지 모르겠네. 한번 봐주렴.” 시계 뒷면을 보니 건전지가 삐져나와 있었다. 건전지를 제 위치에 두자 시계는 잘 작동했다. 그걸 보신 할머님은 이렇게 말씀하셨다. “역시 서울공대생은 다르네. 기계를 참 잘 고쳐.” 이것이 바로 일반인이 생각하는 고정된 이미지의 영향력이다.

나는 최고의 성적을 거두고 박사학위까지 받았으며 우수논문상도 받았다. 하지만 실제 기계를 설계하고 만드는 데는 별로 능력이 없었다. 그럼에도 수학을 좋아하고 잘했기에 수학적 알고리즘을 컴퓨터 프로그램화하고, 이를 기반으로 실제 상황을 시뮬레이션하는 연구를 했다. 기존의 알고리즘을 개선해서 더 나은 결과를 도출했기에 학문의 세계에서는 인정을 받았다. 물론 실제 엔지니어링도 잘하면서 학문적 업적을 내는 사람도 있다. 그러나 학자가 꼭 현장의 실무까지 잘해야 하는 것은 아니다. 학문의 세계에는 그 세계에만 존재하는 게임의 룰이 있다.

경영학자들 또한 유사하다. 경영학자들은 실물 경영에 도통한 경영자일까? 그렇지 않을 가능성이 높다. 이리야마 아키에 Iriyama Akie는 그의 책 《경영학 수업》에서 경영학자는 사회과학자에 가깝다고 말한다. 경영학자들은 기업가들이나 경영자들이 쉽게 내뱉는 한두 문장을 가지고 ‘그게 정말 진실일까?’를 연구한다. 예를 들어 어떤 CEO가 베스트셀러를 내며 “우리 회사의 성공비결은 다각화에 있습니다.”라고 자신 있게 말한다면, 경영학자들은 정말로 다각화가 기업의 성공과 의미 있는 관계가 있는지를 연구한다.

이런 연구는 생각보다 그리 간단하지 않다. 먼저 성공에 대한 정의부터 해야 한다. 무엇이 성공일까? 매출이 상승한 것인가? 이익이 늘어난 것인가? 혹은 이익률이 상승한 것인가? 다각화 이후 1년간 이러한 분야에 상승이 있으면 성공이라 해야 하나? 3년간 지속이 돼야 성공이라 할 수 있을까?

그 기준이 다양하다. 그럼 겨우 기준을 정했다고 가정해보자. 다음에는 데이터를 수집해 통계 검증을 하고, 그걸 토대로 인과관계를 도출해내는 작업을 해야 한다. 이 작업 또한 간단하지 않다. 다각화를 했던 수많은 기업과 다각화 전후의 대출 및 이익 데이터를 파악해야 한다. 상승이 되었다고 해도 믿을 수 없다. 그것이 다각화 때문인지 혹여 다른 변수들의 영향을 받은 것은 아닌지 확인할 필요도 있다. 이게 또한 인과관계인지, 상관관계인지, 역인과관계인지도 체크해야 한다.

다각화를 했던 기업뿐 아니라 안 한 기업과의 비교도 해야 한다. 경기가 좋아 특정 기간에 대부분의 기업 성과가 좋을 수도 있다. 이렇게 고생고생해서 연구 결과를 내었다고 해보자. 그러면 결국 결론은 이런 식이다. "다각화는 기업의 3년 내 10퍼센트 이익 향상에 70퍼센트의 영향을 미칩니다." 즉 경영학자들은 사업과 경영의 성공 요인과 조금 더 효과적이고 효율적인 방법을 연구하지만 경영을 하는 사람이 아니며, 대개 특정 분야의 세부적인 주제를 가지고 연구한다.

반면 경영자들의 목표는 조금 다르다. 예를 들어 위의 연구 결과는 학자들 사이에서는 인정받는 결과지만 경영자의 관점에서 보면 다르다. 매우 허탈한 결과임에 틀림없다. 대부분의 경영자는 이러한 결과를 보며 "그래서 어쩌라는 거야."라고 답할 것이다.

학자들은 자신의 전문 영역에서 통념이나 상식, 가설을 과학적으로 검증해서 그것이 유의미한지 아닌지, 얼마나 유의미한지를 밝혀내려 애쓴다. 기존의 연구와 다르거나 나은 결과를 추구한다. 그리고 그것을 밝혀내었을 때 인정받고 보람을 느낀다. 그러나 경영자들은 거시적으로 여러 요소를 통합해 성과를 창출하는 데 초점을 맞춘다. 물론 특정 인사, 마케팅, 전략 등 특정 영역에서 학교와 기업 간의 산학 공동프로젝트도 적지 않다. 그러나 경영자들 입장에서는 위로 올라갈수록 조금 더 거시적이고 풍부한 사례와 직관적 통찰 측면에서 도움을 받기를 원한다.

경영자들의 이러한 욕구를 충족시켜주며 경영자들과 교수들 간의 틈새를 메워주는 이들은 두 부류로 나눌 수 있다. 첫 번째 부류는 현장의 CEO들이다. 이나모리 가즈오, 잭 웰치, 사티아 나델라 등 유명 창업가나 CEO들은 자신의 경영 스토리를 책으로 출판해 경영자들에게 도움을 준다.

두 번째 부류는 톰 피터스, 피터 드러커Peter Ferdinand Drucker,

스티븐 코비 같은 경영 작가들이다. 이들은 대개 컨설턴트 출신으로서 경영자들의 필요를 꿰뚫고 있으며 세계적인 구루로 인정받는다. 《블루오션》 등 대중서를 쓰는 경영 교수들도 가끔 인기의 반열에 오르기도 하지만 그리 흔한 일은 아니다.

사실 현장 CEO들의 경영 스토리는 매우 감동적이고 생생하며 큰 도움을 준다. 그러나 이 경험을 일반화할 수 있을지는 의문이다. 특정 경험 또는 관찰에 의해 나온 통찰에 가깝기 때문이다.

톰 피터스, 피터 드러커, 스티븐 코비 같은 구루 또한 경영학자들 입장에서는 그리 마음에 들지 않는 존재다. 물론 이들은 CEO들과 달리 다양한 기업의 사례를 융복합하며 '과학적 접근'을 주장한다. 그럼에도 그들이 집필한 책의 내용은 검증된 과학적 연구 결과라 하기 어렵다. 주관적 '감'이나 '당위론'이 절반 이상을 차지한다고 콰도 무방하다. 국제경영개발원 International Institute for Management Development, IMD 경영학과 교수인 필 로젠츠바이크의 《헤일로 이펙트》 같은 책에서 이를 실증하고 있다.

그런데 일반인들이나 경영자들은 이런 베스트셀러를 더 좋아하고 또 도움을 받았다는 간증도 적지 않다. 내가 보기에는 설령 그들의 주장에 과학적 기반이 부족할지라도 크게 문제될 것은 없다. 어차피 경영에서는 공통적이고 절대적인 성공방정식이라는 것이 없기 때문이다. 따라서 독자에게 의지와 동기를 부여하고, 새로운 관점을 제시하는 것만으로도 이들은 충분히 기여하고 있는 셈이다.

이론과 실제가 서로를 보완하며 시너지를 내는 법

학문을 깊이 있게 연구하는 학자일수록 이런 책을 쓰기 어렵다. 과학적 근거가 없는 내용을 쉽사리 쓸 수 없기 때문이다. 그러나 한두 사업으로 성공한 기업가나 경영 컨설턴트, 경영 코치, 그리고 작가들은(나를 포함해서) 자신의 특수한 경험을 기반으로 경영의 신이나 구루인 것처럼 마음껏 SNS나 유튜브에서 말하고 책도 쓸 수 있다. 더닝 크루거 곡선Dunning Krugger Curve에 나온 것처럼 잘 모르기에 오히려 자신감이 더 넘치는 것이다.

상황이 이렇다 보니 경영학자들도 고민할 수밖에 없다. 경영학이라는 것이 매우 실용적인 영역이기에 과학적 근거만 주장하다가는 막상 현장 경영자들은 아무 관심도 주지 않는 논문만 쓸 위험이 있기 때문이다. 그래서 케이스 스터디를 기반으로 학문과 현장을 연결하려는 시도들이 등장했다.

학자들 중에는 기업 자문을 하거나 컨설팅, 대중경영서 발간 등 대중화 쪽으로 영역을 확대하는 이들도 있다. 학문적 사실을 기반에 두되 경영자들이나 대중에 맞춘 흥미로운 스토리와 사례를 섞어 책을 쓰기도 한다. 대개 이렇게 하는 이들을 기업에서는 더 좋아하고 강연료나 컨설팅료도 훨씬 더 많이 지급한다. 요즘은 경영학자뿐 아니라 인문학자, 심리학자, 공학자, 뇌과학자들까지도 비즈니스 쪽으로 관심을 확장해 뇌피셜을 가미한 이야기로 대중의 인기를 끈다. 이들 중 마치 자신이 경영의 신이나 비즈니스 구루라도 된 듯 과도하게 유명세를 떨치는 이들도 있다.

현장의 경영자들, 특히 CEO들 입장에서는 논문 수준의 연구에 접근하기는 어렵다. 현장은 많은 요소가 복합적으로 어우러진 복잡한 환경이기 때문에 특히 고위 경영자들은 이러한 연구 결과들에 별 관심을 갖지 않는다.

그러면 이런 연구 결과가 불필요한 것일까? 나는 그렇지 않다고 본다. 세상에서 가장 똑똑한 사람들 중 한 그룹인 교수들이 연구한 결과들은 분명히 경영자들에게 확률적으로 조금 더 나은 길이 무엇인지 보여준다. 사실 경영을 배우는 목적은 성공비결을 찾으려는 것이 아니다. 어차피 성공에는 운을 비롯해 여러 요소가 포함되어 있으므로, 중요한 것은 확률을 조금이라도 높이는 것이다. 경영과 관련된 연구 결과들은 이 확률을 높이는 데 도움이 된다.

단지 접근하기 쉬울 필요는 있다. 우리 같은 경영자에게는 1차 논문보다는 과학적 기반에 의해 쓰인 논문들에서 인사이트들을 뽑아낸 통합되고 잘 정리된 2차 저작물들이 더 필요하다. 그래서 에너지가 넘치는 경영학자들은 대개 세 트랙을 동시에 추구한다. 첫째, 학문적 기여다. 둘째, 기업과의 컨설팅이나 자문, 공동 프로젝트를 통한 현장 지원이다. 셋째, 책 집필, 강의 및 교육, 경영자 개인 코칭이다.

이 3가지가 분리된 것이라 하기는 어렵다. 여기에 더해 최근에는 경영학자들이 직접 창업에 나서는 경우도 증가하는 추세다. 경영 현장을 직접 경험하고 적용할 수 있다는 관점에서 좋은 시도라 생각된다.

결론적으로 경영자와 경영학자는 기본적으로 다른 목적을 추구한다. 경영자는 맡은 조직이나 기업의 성과 창출에 초점을 둔다. 이를 위해 거시적이고 종합적이며 홀리스틱holistic한 접근을 한다. 경영학자는 특정한 영역에서 학문적으로 의미 있는 결과를 창출하려 한다. 이를 달성하기 위해 조금 더 미시적이고 과학적이며 객관적인 접근을 한다. 그럼에도 상호 협력을 잘하면 학자들은 현장의 데이터들을 확보하고 현장에 유용한 연구를 할 수 있다. 경영자들 또한 사업의 성공 확률을 조금이라도 높이는 데 도움을 받을 수 있을 것이다.

경영은 지식이 아니라
게임을 바꾸는 설계다

프롤로그에서 저는 하나의 질문으로 시작했습니다.

"왜 이렇게까지 했는데, 회사는 여전히 흔들리고 단단하게 성장·성공하지 못할까요?"

이제 책을 덮으며 그 질문을 바꿔 이렇게 묻고 싶습니다.

"당신의 회사는 지금 어떤 게임을 하고 있으며, 어떻게 승리하려 하고 있습니까?"

먼저 알아야 할 것은 '열심히'가 아니라, 내가 어떤 경기장에서 뛰고 있느냐 하는 것입니다. 우리는 지금 축구장에 있습니까, 테니스 코트에 있습니까, 농구 코트에 있습니까? 경영이 어려운 이유 중 상당 부분은 축구장에서 테니스 규칙에 맞춰 뛰고 있기 때문입니다. 게임을 잘못 이해하면 아무리 뛰어도 이길 수 없습니다.

그다음은 명확합니다. 그 게임에 맞는 승리 전략과 시스템을 설계해야 합니다. 하지만 많은 경영자가 해법으로 '더 열심히', '더 많이'를 선택합니다. 더 똑똑한 전략, 더 뛰어난 인재, 더 많은 경영 지식을 추구합니다. 그러나 시간이 지날수록 회사는 단단해지기보다 더 흔들립니다. 사람이 지치고, 책임은 흐려지고, 속도는 떨어지고, 조직은 복잡해집니다. 왜 그럴까요? 경영은 노력의 총량이 아니라 구조의 결과이기 때문입니다. 회사는 리더의 의지대로 움직이기보다 설계된 규칙과 인센티브가 만들어낸 방향으로 움직입니다. 그래서 저는 경영을 '게임 설계'라고 부릅니다.

좋은 설계는 게임에서 이기게 합니다. 구성원들이 선의와 희생에 기대지 않고도 움직이게 하고, 각자가 자신의 이익을 추구하는 과정에서 협력이 생기게 하며, 그 협력이 고객 가치와 성과로 이어지게 만듭니다. 조직은 그런 식으로 강해집니다. 반대로 나쁜 설계는 좋은 사람을 소진시킵니다. 고생은 하는데 성과는 늘 제자리이고, 지속가능성은 점점 더 멀어집니다.

이 책의 중요한 메시지 중 하나는 다음과 같습니다.

"경영 성공의 절대 공식은 없지만, 맥락에 따라 성공 확률을 높이는 방법은 있다. 국면이 바뀌면 게임이 바뀌고, 게임이 바뀌면 설계도 바뀌어야 한다."

사람과 조직을 움직이는 방식도 마찬가지입니다. 돈과 감정으로 호소할 수는 있습니다. 그러나 오래가지는 못합니다. 결국은 인센티브와 시스템으로 설계해야 합니다. 더 근본적으로는 사업의 본질로 돌아가야 합니다. 우리는 상품과 서비스를 '파는' 것이 아니라, 고객에게 가치를 더하기 위해 그들의 문제를 해결하는 구조를 만드는 일을 하고 있기 때문입니다.

이제 책을 덮는 독자께 실행을 위한 질문을 남기고 싶습니다. 경영에는 보편적인 성공법칙이 없다고 말씀드렸습니다. 대신 실패법칙은 분명히 있습니다. 그리고 그 핵심은 대개 비슷합니다. 이것을 피하는 것만으로도 회사가 망하지 않을 확률은 눈에 띄게 올라갑니다. 그 지점에서 비로소 성장 확률도 함께 올라갑니다.

저는 이 책이 위로가 되길 바라지 않습니다. 대신 기준점이 되길 바랍니다. 혼란 속에서도 무엇이 본질이고 무엇이 환상인지 구분하는 기준, '더 열심히'가 아니라 '다르게 설계하기'로 옮겨가는 기준이 되길 바랍니다.

부디 이 책이 당신이 하고 있는 게임이 무엇인지 더 빨리 알아차리게 하고, 그 게임의 규칙을 더 단단하게 다시 설계하도록 돕기를 바랍니다. 당신의 회사를 '흔들리며 버티는 조직'에서 '단단하게 성장하는 조직'으로 옮겨놓는 데 작은 디딤돌이 되기를 바랍니다.

그리고 이 문장 하나가 오래 남기를 바랍니다.

"경영은 지식이 아니라, 게임을 바꾸는 설계다."

《3不 전략》 이병주 저, 가디언

《60분 기업 최강 프로젝트》 간다 마사노리 저, 서승범 역, 한올출판사

《HOW TO 디즈니 시스템 & 매뉴얼》 오스디 리키 저, 손나영 역, 경영아카이브

《MOT 진실의 순간 15초》 얀 칼슨 저, 박세연 역, 현대지성

《Why not? : 강한 상대를 이기는 마케팅 포인트》 루창취엔 저, 박지민 역, 열린숲

《개발자에게 물어보세요》 제프 로슨 저, 박설영 역, 인사이트(insight)

《거래의 7가지 함정》 이경만 저, 북이십일 21세기북스

《거인의 리더십》 신수정 저, 앳워크

《경영의 본질》 프레드문트 말릭 저, 박여명 역, 센시오

《경영이라는 세계》 황승진 저, 다산북스

《경영자가 된다는 것》 이타미 히로유키 저, 이혁재 역, 예인

《구글의 아침은 자유가 시작된다》 라즐로 복 저, 이경식 역, 유정식 감수, 알에이치코리아
    (RHK)

《규칙 없음》 리드 헤이스팅스·에린 마이어 저, 이경남 역, 알에이치코리아(RHK)

《경영학 수업》 이리야마 아키에 저, 김은선 역, 에이지21

《기업이 원하는 변화의 리더》 존 코터 저, 한정곤 역, 김영사

《넛지》 리처드 탈러·캐스 선스타인 저, 최정규 해제, 안진환 역, 웅진씽크빅

《니치》 제임스 하킨 저, 고동홍 역, 더숲

《당신의 비즈니스를 변화시킬 이야기》 토머스 디에리 저, 박슬라 역, 알에이치코리아
    (RHK)

《대전환 시대의 사람경영》 양혁승 저, 클라우드나인

《댄 애리얼리 경제 심리학》 댄 애리얼리저, 김원호 역, 청림출판

《더 에이치알》 변연배 저, 클라우드나인

《동기심리학》 도흥찬 저, 학지사

《드라이브》 다니엘 핑크 저, 김주환 역, 청림출판

《록펠러식 성공 습관 마스터》 버네 하니시 저, 김경애 역, 알파미디어

《마음의 작동법》 에드워드 L. 데시·리처드 플래스트 저, 이상원 역, 에코의서재

《마음이 움직이는 순간들》 댄 애리얼리 저, 강수희 역, 생각정거장

《마이클 모부신 운과 실력의 성공 방정식》 마이클 모부신 저, 박성진·정채진 역, 에프엔미
    디어

《매니징》 헤럴드 제닌 저, 권오열 역, 센시오

《무엇이 성과를 만드는가》 에두아르도 브리세뇨 저, 이영래 역 부키

《무엇이 성과를 이끄는가》 닐 도쉬·린지 맥그리거 저, 유준희·신솔잎 역, 생각지도

《무엇이 조직을 움직이는가》 패트릭 렌치오니 저, 홍기대·박서영 역, 전략시티

《벤처 마인드셋》 일리야 스트레불라예프·알렉스 당 저, 이영래 역, 알에이치코리아(RHK)

《보이지 않는 고릴라》 크리스토퍼 차브리스·대니얼 사이먼스 저, 김명철 역, 김영사

《보이지 않는 확신을 팔아라》 해리 벡위드 저, 김동규 역, 알에이치코리아(RHK)

《부가가치》 다지리 노조무 저, 정지영 역, 또다른우주

《비즈니스의 거짓말》 프릭 버뮬렌, 정윤미 역, 프롬북스

《비합리성의 심리학》 스튜어트 서덜랜드 저, 이세진 역, 교양인

《사업의 철학》 마이클 거버 저, 이제용 역, 라이팅하우스

《상식 밖의 경제학》 댄 애리얼리 저, 장석훈 역, 청림출판

《서른살 경영학》 이타미 히로유키 저, 고정아 역, 살림출판사

《설득의 심리학》 로버트 치알디니저, 황혜숙·임상훈 역, 21세기북스

《성과를 내고 싶으면 실행하라》 크리스 맥체스니·숀 코비·짐 헐링 저, 이창신 역, 김경섭 감
    수, 김영사

《성과지표의 배신》 제리 멀러, 김윤경 역, 궁리

《쉬나의 선택 실험실》 쉬나 아이엔가 저, 오혜경 역, 북이십일 21세기북스

《승자의 경영》 칸노 히로시 저, 윤태성 역, 한국경제신문(한경비피)

《시스템의 힘》 샘 카펜터 저, 심태호 역, 포북(forbook)

《아이디어로 사업을 성공시키는 법》 스기타 히로아키 저, 보스턴컨설팅그룹 역, 한국경제
    신문사(한경비피)

《아이디어불패의 법칙》 알베르토 사보이아 저, 이지연 역, 인플루엔셜

《약자가 강자를 이기는 15원칙》 다케다 요이치 저, 정성호 역, 삼양미디어

《역전의 법칙》 조철선 저, 한스미디어

《왜 똑똑한 사람이 어리석은 결정을 내릴까?》 마이클 모부신 저, 김정주 역, 청림출판

《왜 우리는 집단에서 바보가 되었나》 군터 뒤크 저, 김희상 역, 책세상

《우리는 기적이라 말하지 않는다》 서두칠·최성율 저, 행복에너지

《원칙으로 승부하라》 존 헌츠먼 저, 이선영 역, 럭스미디어(럭스키즈)

《위험한 경영학》 매튜 스튜어트 저, 이원재·이현숙 역, 청림출판

《유니클로》 스기모토 다카시 저, 박세미 역, 한스미디어

《이것부터 해결하기》 마이크 미칼로위츠 저, 유지연 역, 알키

《이나모리 가즈오 1,155일간의 투쟁》 오니시 야스유키 저, 송소영 역, 한빛비즈

《인간의 모든 동기》 최현석 저, 서해문집

《인센티브와 무임승차》 마야 보발레 저, 권지현 역, 중앙북스

《일의 격》 신수정 저, 턴어라운드

《전략을 보는 생각》 로버트 사이먼스 저, 김은경 역, 조철선 감수, 전략시티

《전략의 거장으로부터 배우는 좋은 전략 나쁜 전략》 리처드 루멜트 저, 김태훈 역, 센시오

《제로투원》 피터 틸·블레이크 매스터스 저, 이지연 역, 한국경제신문사(한경비피)

《좋은 기업을 넘어 위대한 기업으로》 짐 콜린스 저, 이무열 역, 김영사

《체크! 체크리스트》 아툴 가완디 저, 박산호 역, 김재진 감수, 21세기북스

《초고속성장의 조건 PDCA》 미키 다케노부 저, 김정환 역, 청림출판

《초우량 기업의 조건》 톰 피터스·로버트 워터맨 저, 이동현 역, 더난출판사

《최고의 팀은 무엇이 다른가》 대니얼 코일 저, 웅진지식하우스

《크래프톤 웨이》 이기문 저, 김영사

《트랙션》 지노 위크먼 저, 장용원 역, 시목

《트랜스포머 CEO》 사에구사 다다시 저, 김정환 역, 오씨이오(OCEO)

《펌프킨 플랜》 마이크 미칼로위츠 저, 김태훈 역, 페퍼민트

《포뮬러》 앨버트 라슬로 바라바시 저, 홍지수 역, 한국경제신문 한경BP

《핑크팽귄》 빌 비숍저, 안진환 역, 박재현·강규형 감수, 스노우폭스북스

《하이 아웃풋 매니지먼트》 앤드루 S. 그로브 저, 유정식 역, 청림출판

《해방경영》 톰 피터스 저, 한국경제신문사(한경비피)

《행운에 속지 마라》 나심 니콜라스 탈레브 저, 이건 역, 신진오 감수, 중앙북스

《헤일로 이펙트》 필 로젠츠바이크 저, 이주형 역, 스마트비즈니스

《하드씽》 벤 호로위츠 저, 안진환 역, 한국경제신문(한경비피)

《회사개조》 사에구사 다다시 저, 김정환 역, 센시오

《히스토리가 되는 스토리경영》 구스노키 켄 저, 이용택 역, 자음과모음(이룸)

최소한의 경영학

초판 1쇄 발행 2026년 3월 12일
초판 2쇄 발행 2026년 3월 27일

지은이 신수정
펴낸이 하인숙

기획총괄 김현종
책임편집 최서윤
마케팅 김미숙
디자인 studio forb

펴낸곳 더블북
출판등록 2009년 4월 13일 제2022-000052호
주소 서울시 양천구 목동서로 77 현대월드타워 1713호
전화 02-2061-0765 **팩스** 02-2061-0766
블로그 https://blog.naver.com/doublebook
인스타그램 @doublebook_pub
페이스북 www.facebook.com/doublebook1
이메일 doublebook@naver.com

© 신수정, 2026
ISBN 979-11-93153-60-4 (03320)